天津出版传媒集团
天津人民出版社

图书在版编目（CIP）数据

汉朝绝对很有趣 / 李飞著．—天津：天津人民出版社，2018.4

ISBN 978-7-201-12698-2

Ⅰ．①汉… Ⅱ．①李… Ⅲ．①中国历史—汉代—通俗读物 Ⅳ．①K234.09

中国版本图书馆 CIP 数据核字（2017）第 292410 号

汉朝绝对很有趣

HANCHAO JUEDUI HENYOUQU

出　　版　天津人民出版社
出 版 人　黄　沛
地　　址　天津市和平区西康路35号康岳大厦
邮　　编　300051
邮购电话　（022）23332469
网　　址　http://www. tjrmcbs. com
电子信箱　tjrmcbs@126.com

责任编辑　刘子伯
装帧设计　孙希前

印　　刷　北京溢漾印刷有限公司
经　　销　新华书店
开　　本　710×1000毫米　1/16
印　　张　16
字　　数　218千字
版次印次　2018年4月第1版　2018年4月第1次印刷
定　　价　39. 80元

秦末，群雄并起，金戈铁马，翻云覆雨。楚汉相争，霸王别姬，四面楚歌，十面埋伏，尽是千古传奇。布衣将相，汉初三杰，一代英雄风云际会。壮哉大风歌，覆灭异姓王，高祖是非任人评说。吕后弄权，文景之治，武帝霸道，成帝淫乱，恒帝无道，四百年斗转星移，两朝旧事随流水。长门锁阿娇，昭君出边塞，飞燕啄王孙，花谢人去今萧索，倾城倾国恨有余。

四百年，兔走乌飞，白云苍狗，演绎在人间世，是壮怀激烈的往事，是悲喜迭加的演义，是诉说不尽的沧桑。回顾历史，每个政权的兴衰，都是跌宕起伏、惊心动魄，刀光剑影有之，尔虞我诈有之，励精图治有之，歌舞升平有之，力挽狂澜有之，祸国殃民有之。尤其是历史上那些强盛的朝代，大都在盛世之中又蕴藏着诸多危机和挑战。阅古察今，重新梳理，你会发现，历史总有惊人的相似。巍巍大汉，亦莫能外。这里也有成熟完备的政权体制，有或暴戾或英明或无能的君主，有或贤或淑、或媚或毒、或义或烈的奇女子，有或能或无能、或智或愚、或刚正或跋扈的名臣与宦官……君与臣的博弈，忠与奸的对峙，在朝在野的文化人，统统在这个时代演绎

得淋漓尽致。这林林总总，组成了汉朝复杂的历史。残酷并精彩着。

汉朝就是这么有趣！在书里，你可以看到帝王将相的情感世界，看到红粉佳人的荣辱交错，看到不同的利益代表方的博弈与对抗，看到社会总是以不可思议的方式堕落，却又总是在不可思议地复活重生；更看到种类繁多的人性。书中的故事百转千回，人物入木三分，情节荡气回肠，让人意犹未尽。在谈笑之间，一不小心就还原了一个真实而惊艳的大汉王朝。

这本书，既不像正史般艰深枯燥，又不似野史般胡编乱造，它运用轻松的语言，将汉朝时期的历史通俗化，就是希望让更多的读者了解这一时期的历史，并从中有所收获：或者得到启示，或者吸取教训，至少，也能够在闲暇时聊以自乐，在闲谈时聊充谈资。

第一卷　开国篇　大风起兮云飞扬，八千子弟尽夭殃

秦朝末年，天下大乱，乱世中出脱了两个盖世人物，一个器宇轩昂，战力无敌，人称“霸王”，一个出尔反尔东躲西藏，有“无赖”之名。霸王与无赖联手，土崩瓦解了大秦帝国，霸王又与无赖反目，几次杀得无赖丢盔弃甲。然而，历史就像与后人开了个玩笑似的，一瞬间风云突变，霸王不再雄霸，无赖却成就了传奇。

第二卷 传承篇 也曾铁马逐天下，如今宫殿半平芜

银台金阙如梦中，秦皇汉武空相待。西东两汉，涌现出了许多帝王，他们曾经显赫一时，有的是历史长河中的顺风船，有的是中流石，有的似春汛，有的如冬凌，有的是与水俱下的泥沙，有的是顺流而漂的朽木……他们的是非功过，透视帝国的盛衰。总之，浩浩历史千百载，滚滚红尘万古名，史海钩沉，各领风骚。

第三卷 战将篇 繁霜尽是心头血．洒向千峰秋叶丹

他们驰骋疆场，歃血为盟；他们风花雪月，重情重义。他们给后人留下了耀眼的光芒，同时也留下了刀光剑影中的威仪。他们既是历史的受益者，又是历史的受害者。他们抓住了历史上难得的机遇，顺势成就了惊天动地的伟业，最终又不得不接受失败的悲剧命运，走上一条非正常死亡的道路。他们的成与败，实际上是人性本质与历史规则大碰撞的结果。

第四卷 名臣篇 潮涌惊风才满堂，时破云霄齐飞扬

每一位成功的帝王背后必有一个大智大勇的名臣辅佐。中华民族自古以来，就有埋头苦干的人，就有拼命硬干的人，就有为民请命的人，就有舍身求法的人——他们是中国的脊

梁。两汉的历史上，各类名臣可谓灿若星辰，他们的修身，他们的谋略，他们的得失，他们的才智、胸怀、风骨，时至今日仍然被世人津津乐道。

第五卷　红颜篇　红粉如花满春殿，只今惟有鹧鸪飞

在历史长河中，正是因为有了那些女性美丽而生动的身影，历史才具有了知性的美感与理性的资鉴。历史脉络因她们温柔的力度而清晰可见。历史因她们而生动，因她们而传奇。在君权与夫权并重的两汉时代，那些佳丽们虽说只是作为男人的附庸而存在，但她们离奇跌宕的身世和不可复制的命运，又无不是一个时代历史的精彩缩影。

第六卷 宫怨篇 红颜未老恩先断，深锁春光一院愁

中国古代宫廷之中，女人既是帝王的宠物，也是帝王的玩物。无数红颜侍奉一个帝王的结果，自然是有人得宠有人失宠，有人欢乐有人痛苦。后宫，俨然成了女人们争宠的无声战场。胜者尊宠无比，败者则苦海无边，在望眼欲穿中了此残生。当大汉王朝湮没在历史尘埃之中，君可见，汉宫日暮，未央宫中落雪飞，遮不住，长门里面许多愁。

第七卷　乱政篇　外戚宦官逞风流，汉家王气黯然收

两汉时期的太后、外戚与宦官，在历史舞台上极为活跃。他们权势很大，或心狠手辣，或飞扬跋扈，或贪得无厌，或权欲熏天，令一个让人热血沸腾的汉朝，渐行渐远。从此，帝国不再是那个帝国，潘多拉的盒子被打开了，男人与女人，君子与小人，英雄与恶棍，共同制造混乱，并残忍地终结了汉朝的命运。

第一卷　开国篇

大风起兮云飞扬，八千子弟尽夭殃

秦朝末年，天下大乱，乱世中出脱了两个盖世人物，一个器宇轩昂，战力无敌，人称“霸王”，一个出尔反尔东躲西藏，有“无赖”之名。霸王与无赖联手，土崩瓦解了大秦帝国，霸王又与无赖反目，几次杀得无赖丢盔弃甲。然而，历史就像与后人开了个玩笑似的，一瞬间风云突变，霸王不再雄霸，无赖却成就了传奇。

始皇崩，天下乱

公元前247年，年仅13岁的嬴政从父亲秦庄襄王嬴异人手中接过国君大印。

当时，秦王年幼，秦国政权被奸臣吕不韦把持，迟迟不把权力交还秦王。还妄图勾结太后把持朝政。在嫪毐的鼓惑下，太后最终与吕不韦划清界限。太后也越来越赏识嫪毐，便开始扶植能力强悍的嫪毐制衡吕不韦，将各种事情都交由嫪毐处理。最终要求为嫪毐封侯，打击奸相吕不韦。

嫪毐封侯之后，所得的赏赐异常丰厚，雍城的一应事情决于嫪毐。侍候嫪毐的僮仆有数千人之多，投奔嫪毐求官求仕的宾客舍人也有千余。嫪毐被封为长信侯，以山阳（今河南焦作东南）为其封地，又以河西、太原郡为其封田。

嫪毐有些小人得志，在一次喝醉酒后斥责一个大臣道："我是秦王的假父，你竟敢惹我。"这个大臣听后很生气，并且暗中找了个机会把嫪毐和太后的关系告诉了秦王，秦王得知后非常生气，嫪毐慌了，准备叛乱。

公元前238年，秦王政在雍城蕲年宫举行冠礼。嫪毐动用秦王御玺及太后玺发动叛乱，攻向蕲年宫。秦王政早已在蕲年宫布置好三千精兵，打败叛军。嫪毐转打咸阳宫，那里也早驻有军队，嫪毐一人落荒而逃，没过多久便被逮捕。秦王政将嫪毐车裂，曝尸示众；又把母亲赵姬关进雍城的萯阳宫；摔死嫪毐与太后所生的两个私生子。

随后，嬴政写信给吕不韦说，你对秦国王室究竟有什么功劳，封地到河南？你和秦国王室究竟有什么亲缘关系，被尊为仲父？命令你迅速搬到四川，不得有误。吕不韦见信，知道大势不好，哭过一场后，决定自杀，喝下毒酒而亡。

17年后，嬴政以其雄才大略，先后消灭了六国，完成了统一大业，建立秦朝，定都咸阳。嬴政对中央和地方机构进行了一系列改革，废除分封制，建立郡县制，并在郡一级设立了政治、军事和监察机构，由郡守负责行政事务，郡尉辅佐郡守并管理地方武装，郡监专司监察。同时，统一文字、度量衡、车辆形制，制定伦理道德标准，大兴水利、道路等基础设施。在思想上，也实行高度统一，除医药、科技、种植、占卜之外的书籍，一律销毁，一些禁书则收归皇家图书馆收藏。此外，嬴政还大规模修筑长城，希望通过此举来抵御外敌的侵略，应该说，秦始皇是一位极具进取心的帝王。

然而，秦朝在统一后不久就频繁地大兴土木，尽管其中一部分工程如长城、灵渠是利国利民的，但生产力仍遭到极大破坏，秦始皇三十一年，一石米就卖到了一千六百钱（《史记·秦始皇本纪》），民众苦不堪言。后人有“阿房出，蜀山秃”之语，更不用说秦始皇

在咸阳周围复制六国宫殿二百七十余座，还以甬道相连（《史记·秦始皇本纪》），耗费的民力就无法计算了。秦始皇背离了秦国崇尚节俭的传统，这是他的一大失误。

于是，陈胜、吴广，及刘邦、项羽们从中看到了机会，蠢蠢欲动，终于等到嬴政驾崩，趁秦二世还没有站稳脚跟之际，发动战争。

大泽乡里风云起

公元前 209 年，阳城 (今河南登封东南) 的地方官派了两个军官，押着九百名民夫送到渔阳 (今北京市密云西南) 去防守。军官从这批壮丁当中挑了两个个儿大、办事能力强的人当屯长，叫他们管理其他的人。这两个人一个叫陈胜，阳城人，字涉，是个给人当长工的；一个叫吴广，阳夏 (今河南太康县) 人，是个贫苦农民。陈胜年轻的时候，曾经和别人一起被雇用耕田，一次当他停止耕作走到田埂上休息时，感慨恼恨了好一会儿，说："假如谁将来富贵了，大家相互不要忘记了。"和他一起受雇佣的伙伴们笑着回答说："你是被雇来给人家耕田的，哪能富贵呢？"陈胜叹息着说："唉！燕子、麻雀这类小鸟怎么能理解大雁、天鹅的远大志向呢！"

七月，恰遇天下大雨，道路不通，他们估计已经误了到达渔阳规定的期限。过了规定的期限，按照法律规定是都该杀头的。

陈胜、吴广商量说：“如今逃走也是死，起义干一番大事业也是死，同样都是死，为国事而死好不好？”陈胜说：“天下受秦王朝统治之苦已经很久了。我听说二世皇帝是始皇帝的小儿子，不应该他来即位，应该即位的是公子扶苏。扶苏因为屡次规劝始皇帝的缘故，始皇帝派他领兵在外地驻守。如今有人说他并没有什么罪，却被二世皇帝杀害了。老百姓都听说他很贤德，不知道他已经死了。项燕原是楚国的将军，多次立功，爱护士兵，楚国人都很爱戴他。有的人以为他已经死了，有的人以为他逃亡在外躲藏了起来。现在假使我们冒用公子扶苏和项燕的名义，向天下人民发出起义的号召，应该会有很多人响应。”

吴广完全赞成陈胜的主张。为了让大伙儿相信他们，他们利用当时人大多迷信鬼神，想出了一些计策。他们拿了一块白绸条，用朱砂在上面写上“陈胜王”三个大字，把它塞在一条人家网起来的鱼肚子里。兵士们买了鱼回去，剖开了鱼，发现了这块绸子上面的字，十分惊奇。

到了半夜，吴广又偷偷地跑到营房附近的一座破庙里，点起篝火，先装作狐狸叫，接着喊道：“大楚兴，陈胜王。”全营的兵士听了，更是又惊又害怕。第二天，大伙儿看到陈胜，都在背后点点戳戳地议论着这些奇怪的事，加上陈胜平日待人和气，就更加尊敬陈胜了。

有一天，两个军官喝醉了酒。吴广故意跑去激怒营尉，跟他们

说，反正误了期限，还是让大家散伙回去吧。那营尉果然大怒，拿起军棍责打吴广，还拔出宝剑来威吓他。吴广夺过剑来顺手砍倒了一个营尉。陈胜也赶上去，把另一个营尉杀了。

陈胜把兵士们召集起来说："男子汉大丈夫不能白白去送死，死也要死得有个名堂。王侯将相，难道是命里注定的吗？"

大伙儿一齐高喊说："对呀，我们听您的！"

陈胜叫弟兄们搭了个台，做了一面大旗。旗上写了一个斗大的"楚"字。以两个营尉的头对天起誓，袒露右臂为标志，同心协力，推翻秦朝。他们公推陈胜、吴广为首领。九百条好汉一下子就把大泽乡占领了。邻近的农民听到这个消息，都拿出粮食来慰劳他们，青年们纷纷拿着锄头铁耙到营里来投军。人多了，没有刀枪和旗子，他们就砍了许多木棒做刀枪，削了竹子做旗竿。就这样，陈胜、吴广建立了中国历史上第一支农民起义军。历史上把这件事称作"揭竿而起"。

起义军打下了陈县（今河南淮阳）。陈胜召集陈县父老商量。大家说："将军替天下百姓报仇，征伐暴虐的秦国。这样大的功劳，应该称王。"

陈胜就被拥戴称了王，国号叫作"张楚"。

陈胜、吴广发动农民起义以后，各地的百姓纷纷杀了官吏，响应起义。没过多久，农民起义的风暴席卷了大半个中国。

陈胜派兵遣将分头去接应各地起义，他们节节胜利，占领了大批地方。但是因为战线长，号令不统一，有的地方被六国旧贵族占了去。起义不到三个月，赵、齐、燕、魏等地方都有人打着恢复六国的旗号，自立为王。

陈胜派出周文率领的起义军向西进攻，很快攻进关中（指函谷关以西地区），逼近秦朝都城咸阳。秦二世惊惶失措，赶快派大将章邯把在骊山做苦役的囚犯、奴隶放了出来，编成一支军队，向起义军反扑。原来的六国贵族各自占据自己的地盘，谁也不去支援起义军。周文的起义军孤军作战，终于失败。吴广在荥阳被部下杀死。起义后的第六个月，陈胜在逃跑的路上被他的车夫庄贾设计杀害了。最后庄贾带着陈胜的首级去向秦军邀功请赏去了。

传说沛县有王气

陈胜起义后，风起云涌，从者如流，“诸郡县皆多杀其长吏以应陈涉”。这年九月，沛县（今江苏沛县）周围已有不少地方为起义军所攻占，沛县辖区内也有人向往起义，跃跃欲动。面对这样的局面，沛县县令惊恐不安。为了免遭起义军的屠戮，摆脱困境，另谋出路，他产生了“以沛应涉”，争取主动的意念，但又拿不定主意，于是只得找县主吏萧何、狱掾曹参商量。

萧何、曹参向县令建议说：“你是秦朝的官吏，现在想背叛秦

朝，领着沛中子弟起兵，他们恐怕不会听你的。最好还是把那些逃亡在外的人召回来，能聚集几百人，这样大家就不会不听话了。”县令表示同意，他让吕雉的妹夫樊哙去找刘邦。

刘邦本名刘季，出生于沛郡丰邑中阳里（今江苏省丰县）的一个农户家里。刘邦父刘太公，母刘媪。这里可以看出，刘邦的出身是多么卑微，父母连个正经的名字都没有。“父曰太公，母曰刘媪。”这就像现代把老者通称为大爷、大娘一样。至于刘邦的字“季”，也不是啥正经名字，据说刘邦兄弟三人，分别叫刘伯、刘仲、刘季，而伯、仲、季就是老大、老二、老三的意思。所以实际上刘邦也没有正经的名字，按照排行称为刘季，即刘小三，登基后才取名“邦”。对于这样一个暴发户似的兴起来的人物，让史官为他编造身世都有些来不及，因此在古代典籍中刘邦的身世就显得扑朔迷离。

有一种说法说刘邦并非太公亲生，而是个私生子。为什么这么说呢?

《史记·高祖本纪》一开始就指出刘邦不是他爹的儿子，而是龙的儿子。话说刘邦的母亲有一天在河边睡着了，做了一场春梦——“梦与神遇”。此时电闪雷鸣，乌云滚滚，刘邦的父亲刘太公一看天气不好，就出门去接老婆回家，走到河边，就看见有一条蛟龙伏在妻子身上耕耘。刘邦的母亲回家后不久就怀了孕，后来生下了刘邦。

这段出自《史记·高祖本纪》中的记载。根据司马迁的描述，似乎在暗示着刘邦并非太公亲生，但也不可能真的来自一条蛟龙。至于事实到底是个什么样子，我们就不得而知了。

关于刘邦的身世，因为出于政治的需要，史料中的记载越说越玄。

话说刘邦为县里押送一批农民去骊山修陵。途中大部分人都逃走了。刘邦心想：即使到了骊山按罪也会被杀的。于是走到丰西泽就停下来，饮酒大醉，当夜索性把剩下的所有农民都放了。并对他们说："你们都跑吧，我也要逃跑了。"于是大家欢呼雀跃，对刘邦更是感激涕零，有十多个农民还愿意跟着刘邦一起逃跑。

刘邦就让一个农民在前面探路。不久，探路的人回来啰啰唆唆地报告说："前面有一条龇牙咧嘴、面目狰狞的白蛇挡住去路，我们还是回去吧！"刘邦趁着酒劲儿大声斥责道："大丈夫独步天下有什么可怕的！"说完他趔趔趄趄地带着队伍去斩白蛇。

这里还衍生出一个传说。说刘邦斩蛇前，白蛇化为白蟒，说："你今天欠下的账总有一天要还的。你斩了我的头，我就篡你的头；斩我的尾，我就篡你的尾。"刘邦一剑把白蟒从正中间斩为两段。所以西汉传到平帝，白蛇转世投胎王莽，毒杀汉平帝，篡汉为新。后经光武中兴，平灭了王莽，才又恢复了汉室，建立了刘氏东汉王朝。而东西汉恰巧各传两百余年。

刘邦斩了白蛇以后，带着大伙又走了几里地，实在困得不行，席地而眠了。这时刘邦队伍中走在后面的人突然听到有妇人的哭声，就循声来到斩蛇的地方。看见一个白发苍苍、瘦骨嶙峋的老妇人在路边放声大哭。就问她："何事如此伤心？"老妇人答道："丧子之痛，焉能不痛？"那些人又问她："儿子为何被杀？"老妇人答道："我儿子是白帝子，变成白蛇横在路上，现在被赤帝子杀了，所以我很伤心。"那些人以为她胡说八道、信口雌黄，冲上来就想打她，

突然老妇人化作一缕青烟不见了！言外之意，刘邦的亲爹是一条蛟龙，而且是“赤帝”。我们由白帝的儿子是条“蛇”推测，刘邦的真身貌似应该也是蛇样，这就未免有点不威风了，挺伤害我们凡人感情的。

还有个故事说，刘邦没有发迹以前，厮混于市井之间，常去某酒店赊酒，喝醉了就躺在板凳上呼呼大睡。酒店老板王婆经常惊奇地看见他身上趴着一条龙，而“龙”是象征皇帝的，这一惊非同小可，从此前账一笔勾销，后账则分文不取，非但如此，还双倍供应。

以上这些说法，刘邦斩白蛇或许真有其事，只不过被后人增添了一些神奇和玄幻的色彩。而酒店卧龙之事则更像是王婆为了显摆自己有先见之明，编撰出的一个连她自己都不相信的谎言。

有龙必有云。所以，史书又记载了一个鬼话。说早先的时候，秦始皇就经常说：“东南有天子气。”所以他曾经多次东巡，试图来镇住这股云气。刘邦杀了大蛇，又听说了那种神异之事，就开始怀疑会不会是冲着自己来的。因此，他带着那些愿意跟从他的刑徒逃亡到芒砀山区（今河南永城县东北），藏了起来。但就是这样，吕雉和其他人去寻找他，也常常能够很快找到。刘邦很奇怪，就问她原因。吕雉说：“你藏身的地方，天空上经常有五彩祥云，所以我一找就能找到。”刘邦很高兴，把此事向人们悄悄宣传，沛县及附近的青年人听说后，很多都愿意跟从他。这样一来，刘邦利用迷信和自己的为人就组织了一批人在自己周围，成为当时人们公认的沛中豪杰。

这显然是吕雉与刘邦合伙儿编造的鬼话。试想，如果刘邦的头上真的老有一片云，别人为什么就看不见呢？

除了上面提到的，正史中还有很多关于刘邦的玄乎记载。除了“隆准”“龙颜”，刘邦左腿上还有七十二颗黑痣。七十二颗痣连在一起应该是黑乎乎一大片，如果长到常人身上，一定会被认为是破相，是灾难，但长在刘邦身上就不一样了。《握成图》上解释说：“赤帝（即刘邦）体为朱鸟，其表龙颜多黑子，按左阳也，七十二黑子者，赤帝七十二日之数也，木火土金水，各居一方，一岁三百六十日，四方分之，各得九十日，土居中央，并索四季各十八日，俱成七十二日，故高祖（刘邦）七十二黑子者，应火德七十二日之征也。”

在司马迁的《史记》和班固的《汉书》中也有与上面相似的记载，只是，恐怕他们自己都不知道自己在说什么吧。

书归正传，话说刘邦带着自己几百人的队伍，跟随樊哙急匆匆赶回沛县。这时，沛县县令又突然后悔了。他害怕刘邦回到沛县以后会影响他的官位，危及他的身家性命，于是下令关闭城门，加强守卫，还试图杀了萧何、曹参。萧、曹二人深感形势危急，随即设法秘密越城投奔刘邦。刘邦得知城内发生突变，也相应地改变方略，起草了一份给沛城父老的帛书，捆在箭镞上射至城上，帛书写道：

“天下苦秦久矣。今父老虽为沛令守，诸侯并起，今屠沛。沛今共诛令，择子弟可立者立之，以应诸侯，则家室完。不然，父子俱屠，无为也。”这是一份很有号召力的反秦檄文。它揭示了当时面临的严峻形势，指出天下共起反秦，已是大势所趋，人心所向。沛县父老也只有共起“诛令”，才能保全家室，这是唯一的出路；如果继续为沛令守城，为之卖命，其结果只会是“父子俱屠”，遭致

“无谓”的牺牲。

帛书孤立了沛令，挫败了他负隅顽抗的企图；争取了民众，得到了沛城父老的响应。沛县父老也对县令的出尔反尔非常愤恨，加上他平日鱼肉百姓，于是很快杀了县令，开门迎接刘邦，并想推举他为县令，萧何、曹参等也都一致推让刘邦。许多父老也说：“我们早就听到了许多关于你的神奇事，你肯定要成为贵人，还是由你来领导最好。”刘邦一再推辞，最后被大家拥立为“沛公”。刘邦在县令的衙门中，设坛祭祀，并宣称自己是赤帝之子而树起红色大旗，正式宣布起兵反秦。接着，萧何、曹参和樊哙等人分头去招兵买马，沛中子弟踊跃参加，队伍很快发展到了两三千人。这时是秦二世元年的九月，刘邦已经 48 岁了。

项、刘挥师扫秦地

就在刘邦起义的当年九月，项梁、项羽也在会稽（今江苏苏州市）举起了反秦的旗帜。

项梁，下相（今江苏宿迁西南）人，楚国贵族之后，其父就是被秦将王翦所杀的楚名将项燕。项羽为项梁之兄子，名籍，字子羽

（一字羽）。

项羽年少时，家人希望他读书写字，项羽不喜欢，又去学击剑，项羽也不喜欢。家人责备他，项羽说："我要学万人敌的本事。"于是叔父项梁就教他兵法，但项羽也不肯学完。后来项梁因为杀人，逃到吴中避灾。

陈胜、吴广起义后，秦国各地起义军不断冒出，会稽郡守殷通觉得秦帝国要灭亡了。于是叫来项梁说："秦王朝大势已去，我要占得先机，所以打算起兵反秦，让你和桓楚统领军队。"项梁说："桓楚还在外逃亡，不知道人在哪里，只有项羽知道。"项梁随后出门叮嘱项羽持剑在门外等候，过了一会儿，殷通让项羽进来告之桓楚下落，随后项梁向项羽使了眼色，项羽突然拔出剑，斩下了郡守殷通的头颅。

项梁手里提着殷通的头，佩戴殷通的官印。殷通部下大为惊慌，一片混乱，项羽连杀将近一百人。整个郡府上下都吓得趴倒在地，没有一个人敢起来。项梁召集原先所熟识的豪强官吏，向他们说明起事反秦的道理，于是就发动吴中之兵起事。项梁派人去接收吴中郡下属各县，共得精兵八千人。又部署郡中豪杰，派他们分别做校尉、侯、司马。于是项梁做了会稽太守，项羽为裨将，去巡行占领下属各县。

陈胜被杀后，项梁召集部下议事，居巢人范增前来告诉项梁，如果不立楚国后人而自立，一定不会长久。于是项梁听取范增的意见，在民间找到楚怀王之孙熊心，仍立为楚怀王。项梁自号武信君。

项梁统军在东阿大破秦军，别遣项羽、刘邦攻打城阳，破秦军

于濮阳东，秦军被迫退入濮阳城内，项羽、刘邦又率军攻打定陶，斩杀秦将李由。项梁连破秦军，非常骄傲。而此时秦派了大量的援军支援章邯，章邯在得到援军后突袭项梁，项梁兵败被杀。项羽和刘邦攻打陈留不下，于是商议退军，项羽引军驻扎彭城西，刘邦驻军于砀。

章邯打败并杀死楚地反秦义军首领项梁后，认为楚地已不足忧，于是渡过黄河，会合前来增援的王离军二十万一起攻打赵国，大败赵军。赵王赵歇，大将陈余，国相张耳，都逃进了巨鹿城。章邯命令王离、涉间包围巨鹿，自己的军队驻扎在巨鹿南边，筑起两边有墙的甬道给他们输送粮草。

无奈之下赵王派使者向楚怀王以及各国诸侯求援。当时秦军十分强大，救赵诸军驻扎在巨鹿城北，陈余曾派陈泽率五千人先去试试秦军的力量，结果是到了那里就全军覆没了，自此，诸侯联军没有人敢前去迎战。

到了秦二世二年（前 208 年）后九月（闰月），楚怀王阵营分兵两路，一路以卿子冠军宋义为上将军，鲁公项羽为次将，亚父范增为末将，率军数万北上以解巨鹿之困；另一路以刘邦为主帅，进攻关中。楚怀王许诺说谁先攻下关中，就封谁为关中王。

楚国援赵大军进至安阳（现在山东曹县东南）后，宋义称最好等秦赵两败俱伤后楚军再收渔人之利，故逗留 46 天不前进。项羽因此痛斥宋义并杀死了他。楚怀王遂封项羽为上将军，并令英布和蒲将军两支楚军也归其指挥。项羽率楚军到达巨鹿县南的黄河（一说为漳水），立刻派遣英布和蒲将军率两万义军渡过河，援救巨鹿。

二将渡河后初战小胜，赵将陈余又催促进兵。接着，项羽率领全军渡过黄河（一说为漳水），命令全军破釜沉舟，烧掉房屋帐篷，只带三日粮，以示不胜则死的决心，以迅雷不及掩耳之势直奔巨鹿，击败章邯部保护甬道的秦军，断绝王离部的粮道，包围了王离军队。项羽的决心和勇气，对将士起了很大的鼓舞作用。楚军把王离的军队包围起来，个个士气振奋，以一当十，越战越勇。经过九次激烈的战斗终于打退章邯，活捉了王离，杀死了秦将苏角，秦将涉间举火自焚，其他的秦军将士有被杀的，也有逃走的，围困巨鹿的秦军就这样瓦解了。

此时，楚军的雄威压倒了诸侯军；援救巨鹿的诸侯国的军队有营垒十多座，却都不敢发兵出击。待到楚军攻打秦军的时候，诸侯军的将领都在营垒上观战。见楚军士兵无不以一当十，喊杀声惊天动地，诸侯军人人都惊恐不已。这样打败了秦军后，项羽便召见诸侯军将领。这些将领们进入辕门时，没有一个不是跪着前行的，谁也不敢仰视。项羽自此始成为诸侯军的上将军，各路诸侯都归他统率了。

但在《史记·张耳陈余列传》中，关于诸侯军又有另一种说法："项羽兵数绝章邯甬道，王离军乏食，项羽悉引兵渡河，遂破章邯。章邯引兵解，诸侯军乃敢击围巨鹿秦军，遂虏王离。涉间自杀。"按《张耳陈余列传》所叙述，则诸侯军仅仅在项羽与章邯的甬道护军作战时作壁上观，待项羽进攻王离时，诸侯军则参与了围攻，俘王离、迫使涉间自杀，是楚军和诸侯军的共同战果。

由于秦军屡屡退却，秦二世派人来责问章邯。章邯害怕了，派

长史司马欣回朝廷去请示公事。司马欣到了咸阳，被滞留在宫外的司马门待了三天，赵高竟不接见，心有不信任之意。长史司马欣非常害怕，赶快奔回棘原军中，都没敢顺原路走，赵高果然派人追赶，没有追上。司马欣回到军中，向章邯报告说："赵高在朝廷中独揽大权，下面的人不可能有什么作为。如今仗能打胜，赵高必定嫉妒我们的战功；打不胜，我们更免不了一死。希望您认真考虑！"

这时，陈余也给章邯写了封信，说："白起身为秦国大将，南征攻陷了楚都鄢郢，北征屠灭了马服君赵括的军队，打下的城池，夺取的土地，数也数不清，最后还是惨遭赐死。蒙恬也是秦国大将，北面赶跑了匈奴，在榆中开拓了几千里的土地，最终也被杀害于阳周。这为什么呢？就是因为他们战功太多，秦朝廷不可能每个人都予以封赏，所以就从法律上找借口杀了他们。如今将军您做秦将已三年了，士卒伤亡损失以十万计，而各地诸侯一时并起，越来越多。那赵高一向精于奉承，时日已久，如今形势危急，他也害怕秦二世杀他，所以想从法律上找借口，杀了将军来推卸罪责，让别人来代替将军以免去他自己的灾祸。将军您在外时间越久，朝廷里跟您有嫌隙的人就越多，有功也是被杀，无功也是被杀。而且，上天要灭秦，不论是智者，还是愚者，谁都明了。现在将军您在内不能直言进谏，在外已成亡国之将，孤自一人支撑着却想维持长久，难道不可悲吗？将军您不如率兵掉转回头，与诸侯联合，订立和约一起攻秦，共分秦地，各自为王，南面称孤，这跟身受刑诛，妻儿被杀相比，哪个上算呢？"章邯犹疑不决，秘密派军侯始成到项羽那里去，想要订立和约。和约没有成功，项羽命令蒲将军日夜不停地率兵渡过三户津，在漳河之南驻扎下来，与秦军交战，再次击败秦军。项羽率领全部军兵在汙水攻击秦军，把秦军打得大败。

章邯又派人来求见项羽，想订和约。项羽应允，与章邯约好日期在洹水南岸的殷墟上会晤。订完了盟约，章邯见了项羽，禁不住流下眼泪，向项羽述说了赵高的种种劣行。项羽封章邯为雍王，安置在项羽的军中。任命司马欣为上将军，统率秦军担当先头部队，巨鹿之战结束。

部队到了新安，诸侯军的官兵以前曾经被征徭役，驻守边塞，路过秦中时，秦中官兵很多人对待他们不像样子，等到秦军投降之后，诸侯军的官兵很多人就借着胜利的威势，像对待奴隶一样地使唤他们，随意侮辱。秦军官兵很多人私下议论："章将军骗我们投降了诸侯军，如果能入关灭秦，倒是很好；如果不能，诸侯军俘虏我们退回关东，秦朝廷必定会把我们父母妻儿全部杀掉。"诸侯军将领们暗地访知秦军官兵的这些议论，就报告了项羽。项羽召集黥布、蒲将军商议道："秦军官兵人数仍很多，他们内心里还不服，如果到了关中不听指挥，事情就危险了，不如把他们杀掉，只带章邯、长史司马欣、都尉董翳进入秦地。"于是楚军趁夜把秦军二十余万人击杀坑埋在新安城南。

将俘虏全部坑杀了，这样不光解决了粮草问题，也收了六国遗族的心。但是项羽这么做，虽在当时将自己的声望推到了巅峰，但也将关中到巴蜀的老百姓彻底得罪了，而项羽后来的对手刘邦，在这种事情的处理上，显然要比他高明很多。

与项羽北上救赵、俘虏王离、迫降章邯的同时，刘邦趁秦军主

力被牵制在河北，也乘虚自率一军向西进发，首先进入关中。于秦二世三年（前 207 年）八月突破武关，十月进入咸阳，秦王子婴出降，秦朝灭亡。

刘小三彭城丢盔弃甲

刘邦入关后，与秦民约法三章，并派人驻守函谷关，以阻项羽进关。当时项羽刚刚于巨鹿之战取得胜利，并歼灭了秦军的主力，正向关中进攻。当项羽到达函谷关后，得知刘邦已经攻陷关中，一怒之下攻陷了关隘，并推进至戏水之西。刘邦当时与其军队同处灞上，暂未会见项羽。当时项羽的兵力大约是四十万人，刘邦军队共约十万人。刘邦的左司马曹无伤派人在项羽面前说刘邦打算在关中称王，项羽听后更加愤怒，下令次日一早让兵士饱餐一顿，击败刘邦的军队。

一场恶战在即。刘邦从项羽的季父项伯口中得知此事后，惊讶无比，忙给项伯捧上一杯酒，祝项伯身体健康长寿，并约为亲家，刘邦的感情拉拢，说服了项伯，项伯答应为他在项羽面前说情，并让刘邦次日前来拜谢项羽。鸿门宴上，虽不乏美酒佳肴，但却暗藏杀机，亚父范增一直主张杀掉刘邦，在酒宴上，一再示意项羽发令，但项羽却犹豫不决，默然不应。范增召项庄舞剑为酒宴助兴，趁机杀掉刘邦，项伯为保护刘邦，也拨剑起舞，掩护了刘邦，在危急关头，刘邦部下樊哙执剑拥盾闯入军门，怒目直视项羽，项羽见此人气度不凡，便问来者为何人，当得知为刘邦的参乘时，即命赐酒，樊哙乘机说了一通刘邦的好话，项羽无言以对，刘邦乘机一走了之。

原本，按照楚怀王的约言“先入定关中者王之”，刘邦先入咸阳，理应王关中，但项羽自恃功高，企图独霸天下。项羽佯尊怀王为义帝，分天下王诸将，自立为西楚霸王，王梁楚地九郡，都彭城，分封十八路诸侯，即以刘邦为汉王，王巴、蜀、汉中，都南郑；章邯为雍王，都废丘；司马欣为塞王，都栎阳；董翳为翟王，都高奴；魏豹为西魏王，都平阳；申阳为河南王，都洛阳；韩成为韩王，都阳翟；司马卬为殷王，都朝歌；赵歇为代王，都代；张耳为常山王，都襄国；英布为九江王，都六县；吴芮为衡山王，都邾；共敖为临江王，都江陵；韩广为辽东王，都无终；臧荼为燕王，都蓟；田市为胶东王，都即墨；田都为齐王，都临淄；田安为济北王，都博阳。另封陈余三县之地，梅铝为十万户侯。

项羽进入咸阳后大肆烧杀抢掠，加上封章邯等秦降将为王，使他失去了关中秦民的支持；不都关中而都彭城，也使他失去了战略上的有利地势；特别是关东屡经战乱，经济残破，使他日后不可能建立一个巩固的后方，至于分封诸侯王，更是项羽在政治上所犯的一个严重错误；他贬义帝于江南，迁刘邦于巴蜀，徙故王于恶地，

王亲信诸将于善地，挑动和加剧了各路诸侯之间的权利纷争，并且迅速激化了他与刘邦之间的矛盾。

刘邦被徙封汉王后，本想立即发兵攻楚，但萧何等人从楚汉双方的实力出发，主张以汉中为基地，养民招贤，安定巴蜀，然后收复三秦。刘邦采纳了这一建议，于汉元年夏四月经栈道往南郑，又听从张良的计策，烧绝所过栈道，表示没有东向争夺天下之意，以此迷惑项羽。但是，三个月后，刘邦乘田荣起兵反楚的有利时机，决策东向，终于爆发了楚汉战争。

项羽分封诸侯后即罢兵回归彭城。不久，田荣起兵反楚，于汉元年五月迎击田都，杀田市，自立为齐王，并且以彭越为将军。彭越于七月击杀济北王田安。田荣并王三齐之地，命彭越击楚，并以兵援助陈余袭击常山王张耳，迎故赵王于代复为赵王。齐、赵和彭越的起兵对西楚构成直接威胁，为了制止事态的扩大，项羽先派萧公角将兵迎击彭越，结果大败，不得不调遣主力击齐，以稳定局势。当时僻处巴蜀的刘邦乘项羽无暇西顾之际，听从韩信等人的计策，于八月出故道，击降章邯、司马欣和董翳，迅速还定三秦，继续东进。

楚汉战争之始，项羽即在战略上陷于两线作战的不利处境。他认定齐地的田荣为心腹之患，而张良也致书项羽说："汉王失职，欲得关中，如约即止，不敢东。"又以齐、梁的反书移交项羽说："齐欲与赵并灭楚。"以致项羽无意西向，专注东方，在战略上做出了错误的判断。后来，项羽虽然击杀田荣，复立田假为齐王，但由于他在齐地烧夷城郭室屋，掳掠老弱妇女，激起齐民的反抗，使田荣弟田横得以收散卒数万人，据城阳；并于汉二年夏四月立荣子田广为齐王，号令齐民抗击楚军。楚军主力困于齐地，无法脱身。刘邦乘隙降魏王豹，虏殷王卬。项羽又密使九江王英布等击杀义帝，而刘邦在进驻洛阳后，为义帝发丧，并遣使告诸侯，指责项羽放杀义帝，号召诸侯王击"楚之杀义帝者"。之后，率诸侯兵凡五十六万人进取楚都彭城。在外黄（今河南兰考东南），彭越率三万人归汉，刘邦命他略定梁地。联军沿途未经战斗，乘虚占领了彭城。刘邦入彭城，满足于已得胜利，尽收项羽宫中货宝美妇，整日饮酒高会，疏于戒备。

项羽得知彭城失陷的消息，制订了一个大胆的战略计划。留下诸将攻齐，自率精骑三万疾驰南下，于鲁瑕丘击破樊哙等军后，即在胡陵至肖县采取包围闪击。肖县东南有刘邦兵数营扎驻。项羽军夜间抵肖，利用拂晓，由西向东反击汉军侧背，早晨开始进攻，与汉军展开大战，中午便大破汉军。汉军对项羽军的突然袭击，无法组织有效的抵抗，自相践踏，乱作一团，被项羽军于彭城近郊斩杀十余万人。

刘邦大败，项羽从后追击，汉兵在谷、泗水二水（谷水，系睢水支流，在彭城南六十里，今安徽符离集附近；泗水在彭城东近郊）被歼十余万。刘邦继续南走，想利用彭城南吕梁山区以资抵抗，但因项羽的猛烈追击而不能立足，又杀毙几万。项羽军追击汉逃兵至灵壁（今安徽宿县灵壁城）以东的睢水上，再斩杀汉军十余万人。刘邦军逃入睢水，溺死者不计其数，"睢水为之不流"。项羽军将刘邦及其残部包围了三层，正待聚歼之际，忽然西北大风猛

袭而来，飞沙走石，树木连根拔起，一时间天昏地暗，吹打得项羽军阵营混乱。刘邦趁此机会，仅带十余名骑兵突围而逃。其父、其妻被楚军俘获，汉军几乎全军覆灭。

彭城一战，刘邦遭到了自起兵以来最大的惨败，其父及妻子吕雉都被楚军俘获，众诸侯也纷纷背汉向楚。项羽在这一战中，充分表现了他英勇果敢、雄才大略的军事指挥才能，飞兵千里，以少胜多，几乎全歼刘邦军。但是，项羽没有乘胜穷追刘邦，使刘邦又一次得到了喘息的机会。

楚霸王荥阳又揍汉王

刘邦从彭城逃到荥阳（今河南荥阳市），至公元前204年春，楚汉双方已在荥阳相持将近一年。双方大小战斗无数，互有胜负，并没有实质性的进展。

这一年时间，不仅给了刘邦喘息的机会，而且给了刘邦收拾诸侯王发展壮大的时间。整个楚汉战争实际上才两年零八个月，这一年的时间是非常可贵的。

这一年时间，项羽基本没做出什么拿得出手的事，他也许还陶醉在彭城的大胜之中呢。而这一年刘邦干了许多大事。他屯兵荥阳，悉发关中老弱到军中，兵复大振。接着，拿下敖仓，这敖仓是秦时的大粮库，因建在敖山上而得名。拿下荥阳和敖仓，就意味着刘邦在中原有了立足之地。他定雍地，杀雍王章邯，取得八十余县。这样一来，项羽又少了一个盟国。接着他遣韩信、曹参、灌婴平定魏国，抓住了西魏王豹。魏地归汉，设为河东、太原、上党三个郡。而后，又平赵王歇、斩陈余，刘邦又得一国，收赵降卒约十万左右。最后，策反英布。这一年，刘邦势力急剧扩张，大半个中国已经在他的控制之下，形势对项羽越来越不利，刘邦逐渐掌握了楚汉战争的战略主动权。

一天，刘邦问陈平："平啊，天下这么乱，什么时候才能平定呢？"陈平趁机说："项羽的死党就范增、钟离昧、龙且、周殷这么几个人，项羽这个人还好猜忌，爱听谗言，如果您舍得黄金万斤去离间他们之间的关系，挑拨他们互相残杀，我们趁机举兵进攻，一定能大破楚军。"刘邦深以为然，拿出四万斤黄金任由陈平支配，根本不过问到底是如何使用的。陈平花重金买通一些楚军兵将在军中散布谣言："钟离昧为项将军冲锋陷阵，功劳最多，然而却不能裂地为王，真是心寒了，正考虑投靠汉王、消灭项羽、瓜分他的土地呢。"谣言很快就传到了项羽的耳朵里，项羽虽未立即诛杀钟离昧，但却不再信任他了。

这一年，项羽挥兵攻打荥阳，刘邦军粮草不济，万分危急之下，刘邦向项羽求和，请求割荥阳以西为汉，荥阳以东为楚。项羽原本想接受这一平分天下的提议，但亚父范增坚决反对议和，劝

说项羽趁势拿下荥阳，否则养虎遗患，必定后悔，在范增的力主之下，项羽又加紧了对荥阳的进攻。形势更加危机，刘邦又一次用了“离间计”。当项羽使者来见刘邦时，陈平拿着最好的食物、礼品进入，看见使者，假装吃惊地说：“我以为是亚父范增的使者，没想到是项王的使者。”他边说边拿走了东西，然后又端来了一些不堪下咽的食物。使者回去后，把事情原原本本地告诉了项羽，项羽果然怀疑范增私通汉军。范增希望尽快攻下荥阳城，项羽既然不再信任他，当然也就不会再听从他的建议。范增知道项羽怀疑自己，大怒说：“天下大事基本上已经定型了，愿您好自为之，我请求辞职回乡。”生气罢工的范增还没走到彭城，就发病气死在了半道上。项羽失去臂助。

汉三年（前204年）项羽围荥阳急，汉军绝食，危在旦夕。陈平先命城内两千余女子穿上军装，在晚上放出东门，楚军以为汉军突围，四面合击；同时，将军纪信装扮成刘邦模样，乘坐汉王车驾，驰赴楚营，声称：“食尽，汉王降。”楚军信以为真，山呼万岁，奔到城东围观。刘邦趁机率领数十骑从西门逃遁，纪信则为项羽所烧死。刘邦临逃前又令周苛、魏豹和枞公守荥阳。周苛与枞公商量，认为魏豹“反国之王，难与守城”。就杀了魏豹。后城破，周苛、枞公都为项羽所杀。

虽然刘邦又一次狼狈地大败而逃，但对比一下双方的人物，我们不难看出刘邦、项羽的高下优劣。刘邦信任重用人才，项羽猜忌怀疑人才；陈平善出奇策、屡被采用，范增有谋却不被采纳；纪信勇于替主死难，钟离眛有勇却遭怀疑。即使抛开大的战略形势不谈，单从荥阳之战中这些人物的身上，我们已经可以预见到楚汉战争的最后结局。

欲以“鸿沟”分天下

荥阳大败后，刘邦仓皇逃回关中。他从关中征集到一批兵员，打算夺下成皋。谋士辕生认为这不是善策，建议刘邦派兵出武关（今陕西商南东南），调动楚军南下，减轻汉荥阳守军的压力；同时，让韩信加紧经营北方战场，迫使楚军分散兵力。刘邦欣然采纳这一计策，率军经武关出宛（今河南南阳）、叶（今河南叶县）之间，与英布配合展开攻势；与此同时，韩信也率部由赵地南下，直抵黄河北岸，与刘邦及荥阳汉军互相策应。汉军的行动果然调动了项羽的南下。这时刘邦却又转攻为守，避免同楚军进行决战，而让彭越加强对楚后方的袭击，彭越不失所望，进展迅速，攻占了要地下邳（今江苏睢宁西北），直接给楚都彭城造成威胁。项羽首尾不能兼顾，被迫回师东击彭越，刘邦乘机收复了成皋。

项羽击退彭越后，立即挥师西进，对刘邦发动第二次攻势，攻占荥阳，再夺成皋，并继续西进，抵达今河南巩县一带。刘邦仓猝

北渡黄河，逃到小修武（今河南获嘉东），在那里，刘邦征调了韩信的大部分部队，以支撑危局，增强正面的防御。刘邦深知项羽的厉害，这时便命汉军一部拒守于巩（今河南巩县西南），一部屯驻小修武，深沟高垒，不与楚军交锋。同时派韩信组建新军东向击齐，继续开辟北方战场。又命刘贾率领两万人马从白马津（今河南滑县北，旧黄河渡口）渡河，深入楚地，协助彭越，扰乱楚军后方，截断楚军粮道。彭越得到刘贾这支生力军的支援，很快攻占了睢阳（今河南商丘南）、外黄（今河南杞县东北）等十七座城池。彭越、韩信的军事行动，给项羽侧背造成严重的威胁，迫使项羽停止正面战场的攻势，再次回师攻打彭越。项羽临行前，告诫成皋守将曹咎说："小心坚守成皋，即使汉军挑战，也千万不要出击，只要能阻止汉军东进，我十五日内一定击败彭越，然后再与将军会师。"项羽很快收复了十七座城池，但没有能够消灭彭越的游军，它继续在威胁楚的后方。

这边，刘邦听取谋士郦食其的建议，乘项羽东去之机，反攻成皋。守将曹咎开始还遵照项羽的告诫，坚守不出，但是经不起汉军连日的辱骂和挑战，一怒之下，率军出击。刘邦见激将法奏效，便运用半渡击之的战法，大破曹咎所部楚军于汜水之上，曹咎兵败自杀，汉军乘机再夺成皋，并乘胜推进到广武（今荥阳东北）一线，收敖仓积粟以充军用，并在荥阳以东包围了楚将钟离眜部。

项羽听到成皋失守，大惊失色，急忙由睢阳带领主力返回，同汉军争夺成皋，与汉军对峙于广武，欲与刘邦决一雌雄。可是汉军依据险要地形，坚守不战。双方对峙数月，项羽无计可施。这时适逢韩信攻占临淄，齐地战事吃紧，项羽不得已只好派龙且带兵二十万前往救齐，这就更加减弱了正面战场的进攻力量。两个月后，韩信在潍水全歼了龙且的部队，平定齐国，使项羽的处境更趋困难。又过了几个月，楚军粮食缺乏，既不能进，又不能退，白白地消耗了力量，完全陷入了被动。这时，汉军韩信部已经破魏，破赵，降燕，平定三齐，占领了楚的东方和北方的大部地区，完成了对楚的战略包围。彭越的游军则不断扰乱楚军后方，攻占了昌邑（今山东金乡西）等二十多座城池，并多次截断楚军的补给线。英布所部在淮南也有所发展。项羽腹背受敌，丧失了主动，陷于一筹莫展的境地。双方强弱形势已发生根本的变化。项羽见大势尽去，遂被迫与刘邦议和，以鸿沟为界，中分天下，而后引兵东归。成皋之战以汉胜楚败而告终。

成皋之战历时两年又四个月，双方共投入百万以上兵力。在整个楚汉相争的过程中刘邦及其谋臣始终注意政治、军事、外交的配合，刘邦知人善任，因势利导，主战场与次战场的呼应，前方与后方的协调，将正面相持、翼侧迂回和后方袭扰结合起来，调动、疲惫、削弱强敌，经反复搏斗，终于完全改变了力量对比，为灭楚兴汉奠定了坚实基础。在这场角逐中，项羽具有强烈的旧贵族意识，不善于用人，给项羽埋下了不能重建统一王朝的伏笔。

毁约男追袭围歼楚霸王

“鸿沟和议”以后，项羽率十万楚军绕南路、向固陵方向的迂回线路向楚地撤军。刘邦也欲西返。但是，这时，张良、陈平却建议撕毁鸿沟和议，趁楚军疲师东返之机自其背后发动偷袭。张、陈二人认为：“我们已经占领了一多半的天下，诸侯也都听我们的，这是个好时机。如果放过项羽，那就是喂养老虎，等他凶猛了，会对我们不利的！”于是力谏刘邦，“不如趁这个好时机把他干掉吧！”

于是，刘邦毁约了，向楚军突然发起战略追击作战。大军追至夏南时，刘邦约集韩信、彭越南下，共同合围楚军，谁承想，韩信、彭越没来。

不过，项羽可不管你刘邦的帮手来没来。在一个清晨，追击战打响了，不过，不是追击的一方先动手，而是被追的动手了。项羽调转军队，带着季布和钟离昧向刘邦大军发起了冲锋。在这两年多的时间里，在无数次的交战中，似乎已经形成了这样的惯例：只要项羽本人带军，一交战，刘邦必败无疑。这次也不例外，刘邦军又被项羽军痛揍了。大军后撤，依靠地形，快速修起了防御工事：深挖沟、高筑营墙。坚守壁垒的刘邦向张良询问："诸侯不来帮忙，对我的命令不理睬，怎么办呢？"张良回答："汉王，现在该是你表态的时候了！楚国眼看就要被我们消灭了，可是彭越的待遇问题还没有落实，他原本是魏国的相国，现在魏豹没了，他也想封王啊，韩信虽然得到了任命，但那是他自己要求的，对您的意图还不清楚，所以，还得给他定心丸吃！"刘邦采纳了张良的建议，陈以东直到大海的大片领土封给齐王韩信；睢阳以北至谷城封给彭越。就这样，刘邦以加封土地为报酬，终于搬动了韩、彭二人，使他们尽数挥师南下，同时命令刘贾率军联合英布自淮地北上，五路大军共同发动对项羽的最后合围。垓下之战随之开始。

公元前 202 年十月下旬，灌婴引兵进占彭城，同时攻下楚地的许多地区。英布也遣将进入九江地区，诱降了守将、楚大司马周殷，随后合军北上进攻城父（今安徽涡阳东）。刘邦也由固陵东进，形势对楚极为不利，项羽被迫向东南撤退。十一月，项羽退至垓下（今安徽灵壁东南，一说在今河南鹿邑县境内），筑垒安营，整顿部队，恢复军力，此时楚军尚有约十万人。

韩信、彭越、英布等会合刘邦后，在垓下将向江南撤退的十万楚军层层包围。

汉军以韩信亲率三十万人为主力，孔将军为左翼，费将军为右翼，刘邦坐镇后方，周勃、柴武等预备军在刘邦军后待命。韩信亲率汉军发动攻势，初战进攻受挫后退，在楚军准备追击时汉军左右两翼迂回夹击楚军，两军短兵相接陷入胶着，这时韩信带领大军返身再战，楚军在三面夹击中被击败。项羽被迫退回垓下城。

汉军夜间高唱楚歌。楚军自项羽以下都以为汉已尽得楚地，士气崩溃。项羽眼见大势已去，便乘夜率领八百精锐骑兵突围南逃。天明以后，汉军得知项羽突围，派遣五千骑兵追击。项羽渡过淮水后，仅剩百余骑相随，行至阴陵（今安徽定远西北）因迷路耽搁了时间（《史记》中交代因田父欺骗），被汉军追至，项羽突至东城（今安徽定远东南），手下仅剩二十八骑。

项羽指挥这二十八骑，来回冲阵，再次杀开一条血路，向南疾走，至乌江（今安徽和县东北长江边的乌江浦）边，自觉无颜见江东父老，乃令从骑皆下马，以短兵器与汉兵搏杀，项羽一人杀汉军数百人，自己身亦被十余创，最后自刎而死，年 31 岁。项羽死后，汉军全歼八万楚军，楚地皆降汉，独项羽原封地的鲁人不肯投降（楚怀王曾封项羽为鲁公），后刘邦将项羽首级示鲁，鲁人乃降。至此，历时四年半之久的楚汉战争终以刘邦的胜利而告终。

刘邦登基后，采用叔孙通的建议，恢复礼法，设三公九卿，任萧何为丞相，采取与民休息、清静无为、休养生息的黄老政策，鼓励生产，轻徭薄赋。在政治上，则先分封功臣韩信、彭越、英布等为王，等到政权稳固，为了防止反叛和巩固皇权稳定，则又以种种罪名取消他们的王爵，或贬或杀，改封刘氏宗亲为王，订立了“非刘氏而王者，天下共击之”的誓言。

此时，由于历经多年动乱，国力孱弱。刘邦为了让百姓修养生息，杜绝战事，于是，汉朝初期并没有什么战事，百姓得以休养生息。

居然把功臣比作“狗”

刘邦灭掉项羽以后，开始论功行赏。当时以军功为首要。大家都在统计自己杀了多少人，打下了多少地方。谁也不谦让，相互间争得面红耳赤，竟然争了一年多还没定下来。这时，刘邦表达自己的看法了：“我觉得萧何功劳最大。我决定了，萧何首功。封酂侯。”武将们不愿意了，群情激奋道：“我们从沛县起兵一路跟随你，推翻了秦朝，又灭了霸王项羽。多的打了一百多次大小仗，少的也有五六十仗。打下的城池也不计其数。萧何不过是个文官，从来没上过战场，凭什么位置比我们高啊？”刘邦这时来了个很有趣的比喻，他问那班武将：“打猎你们知道吧？”武将们回答：“当然知道啦！总打。”刘邦又问：“见过猎狗没？”武将笑了：“当然见过啦！家里就养着呢。”刘邦说：“那好，咱就说打猎这事。打猎的时候，追兔子的是猎狗，但告诉猎狗去哪儿捉兔子的是人。你们呢，就是奉命去捉兔子的狗，所以你们是功狗，就是有功的狗。而萧何能够找到兔子，并告诉你们怎么去捉，这就是功人，也就是有功的人。你们是功狗，萧何是功人，高下立判了吧？”众武将见刘邦这么说话，虽然心里仍是不服不忿的，但也没有人敢再多言语了。当面把有功

之臣比作狗，历史上貌似也就只有刘邦这么一位皇帝。

“三杰”之一的萧何封侯时遇到的麻烦，位居“三杰”首位的张良同样也遭遇了一番。《史记·留侯世家》里写道：“汉六年正月封功臣，张良未尝有战斗功。”这个“战斗功”就是军功！刘邦心里明白，按照军功封侯的标准，张良怎么也扯不上干系，索性亲自站出来为张良说话：“运筹帷幄，决胜千里外，子房功也。”

封完爵位，之后的程序是颁布功臣排行榜，据史书最后公布的名单，榜上共列功臣十八位。刘邦的意见，还是萧何荣登榜首。群臣再次反对。这次大家学聪明了，本着不立不破的原则，抬出了武将方阵中足以和萧何抗衡的领军人物曹参。论出身，曹参跟萧何一样。都是刘邦的同乡，参加起义之前都是沛县小吏，两人共同推举刘邦当上了沛公。论贡献，曹参后来向军界发展，居然作战骁勇，在随同韩信的灭魏、灭齐之战中均立有大功。(凡下二国，县一百二十二；得王二人，相三人，将军六人，大莫敖、郡守、司马、侯、御史各一人。)更为关键的是，曹参的事迹感人，这哥们一上战场就跟打了鸡血似的，冲锋在前、撤退在后，轻伤不下火线，几年下来，屡受重伤。群臣都说：“平阳侯曹参身上受伤七十处，攻取城池，占领土地，功劳最多，应该排在第一位。”刘邦正左右为难之际，关内侯鄂千秋就此事向刘邦进言说：“群臣们的议论都错了。曹参虽然有攻城略地之功，但这只是一时间的事情。陛下与楚军相持五年，常常丢了军队逃了士兵，自己也多次脱离险境逃走。但萧何经常从关中输送兵员补充汉军缺额，并没有皇上的诏令要他召集军队，而数万关中士卒开赴前线，正赶上皇上缺乏兵力的时候，这样的情况有多次了。汉军与楚军在荥阳对峙数年，军中没有现成的粮食，萧何从关中通过水路转运粮食，供给部队使部队不缺粮食。陛下多次丢失崤山以东的土地，萧何总是保全关中根据地以待陛下，这是万世不朽的功绩啊！现在虽然没有曹参等一百多人，对汉朝又缺少什么？就是得到他们，也不一定能够保全汉朝天下。为什么要把一时的功劳加在万世不朽的功绩之上？萧何应该功居第一，曹参第二。”刘邦听了鄂千秋的话，觉得正合自己的心意，便说：“很好。”于是，刘邦确定萧何的功劳排列群臣之首。

刘邦对群臣说：“我听说举荐贤才的应该受上等赏赐。萧何功劳虽然大，经过鄂千秋的申辩才更加明显。”于是，刘邦将鄂千秋改封为平安侯，给他加封了很多食邑。

刘邦建立汉朝后，如何对有功之臣进行论功行赏，成了一道不可轻视的难题。对功臣进行论功行赏，不是一件简单的事，如果处理不当，会伤害很多人的心，甚至会激起变故，造成政局动乱。对于萧何和张良的封赏，算是勉强让众人接受了，可是难题又来了。

话说刘邦先后封了大功臣二十多人。其余的人日夜争功，都还没有封赏。刘邦在洛阳南宫，从桥上望见一些将领常常坐在沙地上彼此议论。刘邦问张良说：“这些人在说什么呢？”张良说：“陛下不知道吗？这是在商议反叛呀。”皇上说：“天下刚刚安定，为什么还要谋反呢？”张良说：“陛下以平民身份起事，靠着这些人取得了天下，现在陛下做了天子，而所封赏的都是萧何、曹参这些陛下所亲近宠幸的老友，所诛杀的都是一生中仇恨的人。如今军官们计算功劳，认为天下的土地不够一一封赏的，这些人怕陛下不能全部封到，恐怕又被怀疑到平生的过失以至于遭受诛杀，所以就聚在一起图谋造反了。”刘邦忧心忡忡地问：“这件事该怎么办呢？”张

良说："皇上平生憎恨，又是群臣都知道的，谁最突出？"刘邦说："雍齿与我有宿怨，曾多次使我受窘受辱。我原想杀掉他，因为他的功劳多，所以不忍心。"张良说："现在赶紧先封赏雍齿来给群臣看，群臣见雍齿都被封赏，那么每人对自己能受封就坚信不疑了。"刘邦深以为然，于是便摆设酒宴，封雍齿为什方侯，并紧迫地催促丞相、御史评定功劳，施行封赏。群臣吃过酒后，都高兴地说："雍齿尚且被封为侯，我们这些人就不用担忧了。"

不得不说，张良不愧是足智多谋的智慧之士，他一生多次为刘邦出谋划策，帮刘邦解除危机。封雍齿，是权谋中封仇人安人心的方法，这一方法后世也多次用到。唐代，李世民重用李建成的谋臣魏征，使大批降臣人心安定。

这一原则是"杀一儆百""指桑骂槐"的反用，杀一儆百，是为了树"威"，封仇人则是为了树"望"。威望是统治者非常重要的东西，无威则众人不服，无望则众人离心。《易经》上"刚中而皿，行险而须"就是这个意思。

刘邦也不愧是个有大智慧的人，他善于透过事物的表象看清事物的本质。在建立汉朝的战争中，很多将领冒着生命危险浴血奋战，流汗流血，作出了巨大的贡献，功劳确实很大。但是，一直在后方全面主持国家政务的萧何，虽然不像前线将领那样有生命危险，但却凭借自己的才智，将汉国的后方治理得安定有序，长期为前线提供稳定的人力物力保障。萧何对汉国所作的贡献，是汉国取得战争全面胜利的关键。刘邦见解独到，对萧何的功绩有着与众不同的认识，因此，他力排众议，坚持将萧何排列在众臣之首。而众臣在了解了刘邦之所以如此论功行赏的理由之后，也都对刘邦的做法心服口服。就这样，刘邦以自己非凡的智慧，成功地解决了对功臣进行论功行赏这道难题。

一份遗嘱保着刘家江山

楚汉相争时，刘邦借着手下众多将领与背叛项羽的诸侯王而打败项羽取得天下，在战后不得不将功绩最高的一群将领封为诸侯王，在刘邦称帝之前，先后一共分封了八个异姓王，分别是：梁王彭越、楚王韩信、赵王张耳、淮南王英布、燕王臧荼、长沙王吴芮、韩王信、阳夏侯陈豨。这些诸侯王个个能征善战，各自拥有自己的军队战斗力，各自割据一方，几近各自为政之势。而且这八方诸侯统驭的国土面积加起来，要超过刘邦的汉郡。

这让刘邦非常担心，他担心，这八路诸侯万一造起反来各自为政，那刘家的江山岂不是瞬间就要四分五裂土崩瓦解了？于是，刘邦决计铲除诸侯王，进一步巩固自己的权力与统治。

第一个牺牲品是燕王臧荼，他在刘邦称帝的第一年就被刘邦以谋反罪灭掉了。

接着是韩信，刘邦在垓下之战获胜后即改封韩信为楚王，使其离开自己的根据地齐地，并于翌年设计将韩信掳至长安，降为淮阴

侯，罪名同样是企图谋反。五年后，吕后对被软禁着的韩信仍不放心，与萧何合谋，把他骗到长乐宫钟室杀掉，并且诛连三族。

韩王信害怕刘邦的猜忌，在极度恐惧之下干脆公开投降匈奴，但最后也逃脱不了被追杀的命运。

燕王卢绾是刘邦的同乡，自刘邦浪迹丰沛市井之时，他们就是好朋友。汉朝开国前，卢绾一直是刘邦的亲信和心腹，但最后也被刘邦逼得逃亡匈奴，罪名又是有谋反企图。

赵王张耳本是刘邦的女婿，也因涉嫌谋反被废除王位，贬为宣平侯。

阳夏侯陈豨被逼反叛时，梁王彭越的部下曾劝彭越一同谋反，彭越犹豫着没有答应。刘邦得知此事，不但不表彰彭越的忠心，反而将他逮捕后处死。最残忍的是，刘邦杀了彭越之后，为了威胁警告其他将领和功臣，竟将他的尸体剁成肉酱。功臣们因此更加胆战心惊。

彭越事件后，淮南王英布自知不能幸免，也被迫铤而走险，起兵反叛。结果也被刘邦亲自统兵镇压。

这样，在汉朝建立的短短七年之内，刘邦就利用各种借口，将除远处偏远南方而又势力弱小的长沙王吴芮以外的所有异姓诸侯王相继铲除。

这个长沙王吴芮能活下来，原因有两个：一是，在刘邦铲除其他七位诸侯王的过程中，吴芮已经深刻洞察到，这是刘邦在称帝之后进行收权，于是吴芮在刘邦面前极力表现忠诚，让刘邦觉得他没有野心，这让刘邦略感放心。二是，吴芮在当地口碑确实很好，深得民心，刘邦需要他继续留任管辖当地，以稳定南方的政治、经济。

如果刘邦执意要诛杀，必然会失去当地民心，也会引发闽越等地的反抗叛乱。

于是，长沙王成了唯一被保留的异姓王，免于一难，实属不易。

刘邦将异姓诸王清灭后，发现汉朝的控制力还只能停留在关中地区，在边疆地区却显得鞭长莫及，因此大封同姓诸侯王，实行郡国制，以保刘氏江山稳固。然而随着吕后势力日大，其担忧汉室江山被吕氏夺去，因此在其晚年与刘氏诸王杀白马为盟，以策万全。

那是刘邦去世前的一个月，他拖着重病之身将朝廷重臣和他的老婆吕后聚集在一起，杀掉了一匹白马，对天盟誓。这就是在汉朝历史上影响极为深远的白马之盟。白马之盟共有两个内容，第一，(对大臣们发誓)国以永存，施及苗裔(只要汉帝国存在，大臣们及其子孙就永远有酒喝有肉吃)。第二，非刘氏而王者，天下共击之，若无功上所不置而侯者，天下共诛之。也就是说，非刘姓皇族成员不得封王，如没有军功不得封侯。白马之盟的两个内容构成了一个整体，汉帝国对功臣诸侯们的厚待既是对其过去功劳的报酬，又是实现“非刘氏而王者，天下共击之”的基础，后者则是刘邦白马之盟的最终目的。

但他一死，这个规矩就被他的妻子吕雉打破了，吕后先封她已故的两个哥哥，大哥周吕侯吕泽为悼武王，吕释之为赵昭王，以此作封立诸吕为王的开端。又封侄吕台为吕王，吕产为梁王，吕禄为赵王，侄孙吕通为燕王，追尊其父吕文为吕宣王，封女儿鲁元公主的儿子张偃为鲁王，吕台去世后，谥号肃王，封其子吕嘉代吕台为吕王。又封其妹吕媭为临光侯，侄子吕他为俞侯，吕更始为赘其侯，吕忿为吕城侯。吕后先后分封吕氏家族十几人为王为侯。完全无视

白马之盟中“非刘氏不得封王”的规定。

对于吕后的做法，丞相王陵曾公开反对过，他大声指责陈平与周勃：“你们难道忘了高祖皇帝当初立下的盟誓吗？”虽然他的反对没有起到什么实质性的作用，但这一态度至关重要，有这个态度在，就意味着分封诸吕的行为永远是不合法的。这就为后来诛灭诸吕奠定了现实基础。于是吕后死后周勃在军营里振臂一呼，吕家的势力瞬间就土崩瓦解了。

后来，汉景帝的皇后王皇后想让景帝封自己没有军功的哥哥为侯，当时的丞相周亚夫又把白马之盟拿出来说事，汉景帝只好作罢。

在西汉末年，王莽以外戚身份弄权，被封为假皇帝，最后篡汉，将此盟约撕毁。其后汉光武帝重建汉朝，此盟约再被重提。章帝时，皇帝几次要封皇太后的兄弟为侯，这位老太后都以白马之盟而婉言谢绝。

直至东汉末年曹操称魏王，其后其子曹丕继任魏王并篡汉称帝后，白马之盟才被彻底撕毁。

刘邦与大臣们杀白马而盟，最大的原因是以秦亡的历史为借鉴，以异姓诸侯王的基本被灭为前提和以一批功勋卓著的布衣将相功臣为基础，这也就是刘邦为巩固刘氏统治采取的最后一个影响深远的战略性措施，也正是他那道遗嘱保住了大汉刘氏江山。

第二卷　传承篇

也曾铁马逐天下，如今宫殿半平芜

银台金阙如梦中，秦皇汉武空相待。西东两汉，涌现出了许多帝王，他们曾经显赫一时，有的是历史长河中的顺风船，有的是中流石，有的似春汛，有的如冬凌，有的是与水俱下的泥沙，有的是顺流而漂的朽木……他们的是非功过，透视帝国的盛衰。总之，浩浩历史千百载，滚滚红尘万古名，史海钩沉，各领风骚。

他被母亲“吓”没了帝王心

刘邦一共有八个儿子，刘盈为吕后所生，虽然比齐悼惠王刘肥年幼，但却是刘邦的嫡长子，所以在刘邦称帝后，被立为皇太子。

刘盈为人仁弱，刘邦觉得他不像自己。刘邦是个什么性格呢?用今天的话来说，就是个无赖。

让我们来回顾一下他的种种劣迹。

在刘邦还打光棍的时候，他到素不相识的吕家贺乔迁之喜时，非常无赖地一点礼金都没送，却口口声声说是奉上礼钱一万。

刘邦和项羽打仗的时候，有一次项羽抓了刘邦的父亲刘太公，并以此威胁刘邦说，再不投降就把刘太公放到锅里煮了，刘邦却面不改色心不跳地回答说：“咱俩是拜过把子的兄弟，我爹就是你爹，你要是想把咱爹放锅里煮了，那也没关系，别忘了到时候分一杯肉羹给我。”诸如此类的无赖之举，刘邦这辈子可没少干。

刘邦彭城大败时，逃命之际，在半途中遇到了自己的一双儿女刘盈和刘鲁元，于是带着他们一同逃命。楚军追得急，刘邦嫌人多马车跑得慢，屡次三番把自己的亲生儿女推下车。当时夏侯婴赶车，叹息着屡次三番又把孩子抱了上来。刘邦大怒，欲斩夏侯婴十余次，最终一行逃至沛县。如果不是那个后来被封为“滕公”的夏侯婴，刘盈的小命可能当时就没了。

其实，对于刘盈来说，这一幕不过是一个开始，他在老爸刘邦的心中，几乎从来就没有得到应有的重视。虽然在九岁那年，他就被册封为皇太子，但刘邦却一直想把他替换掉。

戚夫人所生的孩子刘如意深得刘邦喜爱，并且刘如意长得很像刘邦，所以刘邦常有改立刘如意为皇太子的念头。汉高祖十年，因为戚夫人一再吹枕边风，刘邦终于决意改立如意为太子，结果这件事在朝堂上遭到了群臣的纷纷反对。御史大夫周昌的反对最强烈，刘邦问其原因，周昌由于为人口吃，且又盛怒，憋得面红耳赤又非常顽强地说：“臣……期期……以为不可。”这不仅把刘邦给逗笑了，而且还留下了一个千古流传的成语——“期期以为不可”。由于群臣的反对，这件事被暂且搁置了，但刘邦更换太子的心并没有死。吕后心下害怕却又不知如何是好，有人对吕后说：“张良这个人善于谋划，而且一向受到皇帝的器重，不如找他帮忙。”于是吕后逼着张良帮忙。

与周昌相比，张良就显得老谋深算多了。他知道刘邦非常尊重秦末汉初隐居在商山的四位德高望重的老者，这四位老者被称为“商山四皓”。于是，他就向吕后建议采用各种手段，调动一切可以调动的关系，将“商山四皓”请到了京城，并让他们跟在刘盈的身后一起去见刘邦。刘邦见了大吃一惊，召来戚夫人指着“商山四皓”的背影说：“我本来想换掉刘盈，改立如意为太子，无奈刘盈已经得到了‘四皓’的辅助，羽翼已经丰满，势难更动。”说罢他长叹一声，并借着酒意，击筑高歌：“鸿鹄高飞，一举千里。羽翼已就，横

绝四海。横绝四海，当可奈何？虽有矰缴，尚安所施！”夫妻二人只好相对泣下。

就这样，一直到刘邦死了，刘盈才算安安稳稳地当上了皇帝，可朝政大权依然掌控在他母亲吕后手中。吕后怨恨戚夫人刘如意母子，时刻想着怎么收拾这两个人。她先是将戚夫人贬到永春巷，让她穿上囚衣，戴上铁枷舂米。接着诱使赵王刘如意进京，刘盈知道母亲这是准备加害弟弟如意，于是时刻提防保护刘如意。两人同寝同食，吕后一直无法下手。那一天，刘盈外出，心疼弟弟不愿其早起，想让他多睡会儿，就留刘如意在宫中。刘盈一走，吕后爪牙立即报告吕后，于是吕后派人趁机将刘如意毒死。刘盈回来以后，弟弟已经死了。

接着，吕后开始对已贬为奴的戚夫人下手。吕后下令将戚夫人剁去四肢、剜去双眼、割其舌并将其熏哑戳聋，做成了人彘放到了厕所里。过了数日，吕后令人请刘盈观看人彘。刘盈询问之下才知道这个“人彘”就是戚夫人，于是忍不住失声痛哭，并让人回复吕后说：“这种事不是人做得出来的。儿臣是太后的儿子，终究没有办法治理天下。”刘盈大病一场，从此不理朝政。

刘盈个性仁柔，常常受到母亲极大的压力。在茅厕见到戚夫人被自己的母亲残害成“人彘”的惨状之后，借酒浇愁而致成宿疾，最后抑郁而终。

公元前 188 年，即汉惠帝七年，年仅 24 岁的刘盈带着满腔怨愁早早离开了人世。他只做了七年有名无实的皇帝。刘盈死后，吕后又执政八年。这前后十五年，是大汉王朝从建国到文景之治的过渡时期、奠基时期，在历史上占有重要的地位。

刘盈谥号为“孝惠”，“惠”有“仁慈、柔顺”的意思，这个谥号概括了刘盈的一生。葬安陵，无庙号。“孝”意即孝子善于继承父亲的事业。此后，汉朝皇帝的谥号中都有一个“孝”字，只有西汉开国之君高祖刘邦和东汉的光武帝刘秀因为是中兴之主而例外。

他性情宽厚却逼死了亲娘舅

刘恒是刘邦的第四个儿子，母亲是薄姬。刘恒在刘邦的众多儿子中是很幸运的。刘邦共有八个儿子，吕后仅生了一个，即惠帝刘盈。在惠帝去世后，吕后为了使自己能够长期掌握政权，对刘邦其他的儿子们大开杀戒，吕后共害死了四个。刘邦的大儿子刘肥最后未被陷害，得以善终。吕后最后死时，刘邦的八个儿子只剩下了刘恒和刘长。

在刘邦的众子中，刘恒是最不引人注目的一个，这和他的母亲有关。薄姬因为很少得到刘邦的临幸，甚至长时间都见不到刘邦一面，地位一直是“姬”，没有升到“夫人”，所以，刘恒从小就做事小心，从不惹是生非，给大家留下了很好的印象。在刘恒八岁时，三十多位大臣共同保举他做了代王。虽然地位没其他王子那样显赫，但这恰好帮文帝躲过了吕后的迫害，幸运地活了下来，后来又幸运

地登上了皇位。

吕后死后，陈平、周勃携手诛灭了吕氏势力，然后商议由谁来继承皇位，代替当时吕后立的小皇帝刘弘，他们认为刘弘不是惠帝的后代，不符合皇位继承的法统。最后，他们相中了宽厚仁慈名声较好的代王刘恒。于是派出使者去接刘恒赴长安继承皇位。刘恒见到使者，开始并不是很高兴，相反，这使他起了疑心，他的属臣们也意见不同，有的认为是一个阴谋，有的则分析说不会有假。刘恒决定用占卜来测定吉凶。结果得到一个“大横”的占卜结果，这个结果的意思是：大横所裂的纹路很是正当，我不久要即位天王，将父亲的伟业光大发扬，就像启延续禹的事业那样。占卜的人向他解释天王即是做天子，比现在一般的王要高一级。为了以防万一，刘恒在向长安进发的过程中一步步小心从事，深怕又中了计，丧命黄泉路。一是派舅舅薄昭先到长安探听虚实，二是离长安城五十里的时候，又派属下宋昌先进城探路。最后，小心的刘恒终于在陈平等众大臣的拥戴下平安地继承了皇位，住进了未央宫。

因为得到皇位不易，文帝即位后首先任命自己的心腹负责守卫皇宫、京城，从根本上保证自己的人身安全。然后，对于拥立他做皇帝的功臣们一一赏赐、封官晋爵，对于被吕后贬斥的刘姓王也恢复了称号和封地，同时，对于跟随父亲刘邦开国的功臣们也分别赏赐、分封。这些措施使文帝的帝位得到巩固。

除了用拉拢的手段巩固权势外，打击重臣也是一项很有效的措施。这方面主要是对大功臣周勃的处理。周勃因为拥立文帝有功，所以每次上朝结束后，出来时总是很骄横的样子，似乎也不把文帝放在眼里。而文帝对他更加有礼，经常目送他离去。有大臣劝说文帝，不该对周勃这样重礼，有失君主的身份。从此，文帝的神色变得越来越严肃，而周勃则越来越敬畏。周勃的属下及时提醒他："小心功高盖主，引火烧身。"周勃如醍醐灌顶，猛然醒悟了，于是辞去了右丞相的职务，文帝很快也答应了。一年后，因为陈平谢世，文帝又任命周勃做丞相，但仅十个月后，文帝又以列侯归封国为借口免除了他的相职。当时，很多的列侯都住在长安，这给京城的粮食供应增加了负担，所以，文帝就下诏命列侯到自己的封国去生活，即使朝廷恩准留在京城，也要将自己的儿子派到封国去。但很多人找各种各样的借口留在京城，这使文帝很生气，便让丞相周勃带头做表率，免了他的丞相职务。在后来有人举报周勃在家常身披盔甲，有谋反之心时，文帝马上把他抓捕。周勃赶忙通过文帝的舅舅薄昭向文帝说明实情：被罢免丞相职务后害怕被抓，所以家中有些防备，但却没有反叛之心。文帝在重新调查后，没有发现周勃谋反的事实，便释放了他。这和封建时代很多皇帝相比，文帝做得确实很宽容。

不过这样一位宽容的皇帝，竟也做出过逼死亲娘舅的事情。

刘恒逼死的这个舅舅就是曾帮他到京城打探消息的薄昭，也是薄太后唯一的亲弟弟。刘恒当了皇帝，尊母亲薄姬为皇太后，舅舅薄昭被封为轵侯，所任职务是车骑将军。

汉文帝杀舅舅的原因是薄昭杀死了朝廷使者，薄昭为什么杀死朝廷使者史籍缺少记录，从这点可以看出，薄昭杀使者应该是临时起意，不是长期作恶的肆无忌惮行为，也不是预谋着某项重大行动。

汉文帝既不忍心下令杀死母舅，又不愿别人说自己执法不一。最后他想了一个办法，让薄昭自己认罪、伏罪。他首先打发一些公卿大臣上薄昭家里喝酒，在酒席上大伙劝薄昭自杀；但薄昭不干，

大臣们无可奈何地回来了。可是这个皇帝外甥是铁了心要舅舅死，命令大臣们穿上丧服，一起到薄昭家里大哭，演绎了一出活出丧的闹剧。薄昭明白了汉文帝的决心，知道自己已经活不了了，于是自杀。

薄昭的生平，包括他的富贵与死难，在《史记·孝文本纪》记载得很少。薄昭为什么要杀汉文帝的使者，汉文帝为什么要逼迫舅父自杀，这些正史当中都没有说明白。只是在后人的演义故事里越说越玄，以至于薄昭“倚仗权势、无恶不作”之类的话都出来了，确实过于想当然。

其实，薄昭是可以不死的。在汉代，草菅人命的事情并不少见，前者如吕后、萧何以莫须有的罪名杀死了大功臣韩信，吕后因吃醋把情敌戚夫人做成了“人彘”，并毒死了戚夫人所生的皇子刘如意。后者如汉武帝时代，飞将军李广为了一句过头话，找茬儿杀死了曾经冒犯他的灞陵卫。李广出兵匈奴无功而返，畏罪自杀之后，他的儿子李敢怀恨报复，击伤了大将军卫青。为给舅舅报仇，卫青的外甥骠骑将军霍去病又在围猎时公然射杀了李敢。这些死伤事件都没有人去认真追究。而即便是在文帝朝，也发生了皇太子刘启(后来的汉景帝)因为口角，用棋盘砸死吴王太子刘贤的恶性事件。当然这事也不了了之了。既然这样，皇帝的亲娘舅薄昭杀死一位“汉使者”就真的无法摆平了吗？而且薄昭根本不想死，当时他姐姐薄太后还在世，说句话为弟弟求情还是应该管用的。估计这办法薄昭当时早就想到了，可是不好使。刘恒那小子铁了心了，一而再再而三地搞“活体告别”，非把舅舅整死不可。

汉文帝对薄昭的处理引起了后世的争论。司马光在编写《资治通鉴》的时候，就引用了李德裕的说法。李德裕认为汉文帝的这个做法不近人情，因为汉文帝的母亲只有这么一个亲弟弟。但司马光认为“善持法者，亲疏如一”，汉文帝按照法律进行处理并没有错，错就错在没有及时发现薄昭的弱点并派贤良帮助，还让他带兵，最终才酿出这样的悲剧。魏文帝曹丕也认为刘恒处死薄昭不可取，曹丕说：“对待国舅，只应当用恩泽赡养而不应当把权力交付给他，他犯了法以后，根据法律又不得不处罚他。”讥讽汉文帝开始不防备薄昭，曹丕的话说得很对。然而要取悦母亲，一开始就要谨慎安排薄昭的位置。

现在人的看法则是：汉文帝之所以非要逼死薄昭，是为了防止外戚专权干政。这种观点还是有些道理的。刘邦死后，由于刘盈比较柔弱，实际权力掌握在了吕后手中。刘盈死后，吕后更是得寸进尺，临朝称制，成了实际上的皇帝。她完全不遵守刘邦与大臣们“非刘氏不得为王”的盟约，大封诸吕为异姓王。这时候的天下，皇帝由吕太后废立，吕姓王的势头远在刘姓王之上，老刘家的天下几乎成了老吕家的天下。汉文帝虽未参与其中，但自幼耳濡目染，他懂得其中的利害关系。将这种情况向下推演，如果薄氏效仿吕氏，很可能会亡了刘氏天下，又或者扶植另外一个刘姓傀儡皇帝，那样都不是他刘恒的子孙了。为防患于未然，趁机除掉薄昭，不让吕氏的故事在薄氏身上重演，有可能就是文帝当时的心理。

他是有为之君却刻薄寡恩又暴戾

作为“文景之治”的开创者之一，汉景帝刘启爱护百姓、鼓励农桑、轻徭薄赋、减轻刑罚，稳定了社会，使百姓生活更加富足，封建统治秩序日臻巩固；尤其是在他谦恭俭朴、以身作则的模范带动下，社会风气也日趋好转。刘启也因为这些政绩被后人誉为不可多得的盛世之主。然而，就是这样一位让后世称道、景仰的好皇帝，却也有着暴戾残忍的一面。

刘启在刘恒几个儿子中排行居中。刘恒为代王时，与代王后生有四子，刘恒未即位之前代王后便已去世，刘恒被拥立为皇帝后，代王后所生四子都相继病死。刘恒即位数月，公卿大臣请立太子，而刘恒所剩诸子中刘启最大，于是就被立为太子，母亲窦氏被立为皇后。

刘启为太子时，吴王刘濞的太子刘贤入京，陪伴刘启喝酒下六博棋。刘贤的师傅都是楚人，从而使他养成轻佻、剽悍的个性，平时又很骄矜，与刘启博弈时，为棋路相争，态度不恭敬，刘启就拿起棋盘打刘贤，不料把他打死了，汉文帝就派人将其遗体送回吴国去埋葬。从此刘濞怨恨刘启。当时，刘启不过是一个十几岁的孩子。

为了一点鸡毛蒜皮的博弈之争，就把自己的堂兄弟活活打死，可见他从小就是一个性格暴戾的骄悍之人。

如果说打死吴太子，尚有些年轻气盛的因素，那么汉景帝即位后对邓通的修理，可就明显地是处心积虑了。

邓通是深受刘恒宠信和喜爱的佞臣。一天，刘恒叫一个看相的术士给邓通看相，相士直言不讳地对刘恒说："邓大夫以后会因贫困而饿死。"刘恒听后很不高兴，愤愤地对邓通说："朕要想让你富，有何难哉？"说完即下了一道诏书，把蜀郡严道县的铜山赐给邓通，并允许他铸钱。邓通从此富可敌国。邓通既蒙文帝宠爱，感激涕零，更加想要有所报答才行了。

一次，刘恒的毒疮突然发作，红肿流脓，溃烂不堪。刘恒痛得钻心，整天伏卧床上，哀号不已。一帮御医药开了不少，刘恒吃了却不见疼痛稍减分毫，最后竟痛得晕了过去。邓通在旁急得抓耳挠腮，一见文帝竟昏死过去，于是也不知道他哪里来的勇气，竟一下子扑到刘恒身上，也不管那脓血有多污秽腥臭，就张开嘴巴，对着刘恒背部的烂疮就吸。说来也奇怪，邓通才吸了几口，刘恒的疼痛便减了几分，竟悠悠地醒了过来。邓通又吸了几口，然后伸出舌头，往疮口里舔了几舔，刘恒竟觉得一下子疼痛全消了。等他舔完，刘恒扭过头一看，见是邓通，大受感动，心想关键时刻还是邓通对自己最忠心，总算不负对他的一番提拔和宠爱。以后几天里，邓通又给他吸了几次，刘恒的疮慢慢好了起来。一天刘恒问邓通："你说天下谁最爱我？"邓通说："那自然是太子。"这时正好刘启进来问安，刘恒便叫儿子刘启来给他吮疮。刘启无奈，跪在榻前，对着父亲溃烂的背，勉强把嘴巴凑上去，还没碰到疮口，竟一个恶心，呕吐起

来。刘恒见了大不高兴，刘启只好怏怏退出。

后来刘启听说邓通曾为文帝吮疮，大为愧恨，从此记恨在心。几年后刘恒死了，刘启即位，第一件事就是把邓通革职，追夺铜山，并没收他的所有家产。可怜富逾王侯的邓通，一下子竟与乞丐一样，身无分文，最后竟应了那个相士的话，饿死街头。

汉景帝在位期间，最大的政治事件莫过于“七国之乱”了。这次叛乱的导火索，就是晁错的《削藩策》。

刘启即位后，先提拔晁错做内史，然后又升晁错为御史大夫，位列三公之一。晁错经过分析，告诉刘启要特别提防诸侯势力最强大的吴王刘濞。

刘濞已经暗中准备了四十来年，他私自铸钱，又煮盐贩卖，为了积蓄力量，他还招纳逃犯，谋反之心越来越明显。所以，晁错极力主张刘启削夺各王的封地，即削藩。

刘启听从了晁错的建议，决定先削夺吴国的会稽和豫章两郡。刘濞见朝廷开始动手，不愿束手就擒，在汉景帝前元三年（前 154 年）联合各地诸侯王打着诛杀晁错、安定国家的旗号反叛作乱。这次叛乱共有七个诸侯王参加，史称为“七国之乱”。

刘启知道了七国反叛的消息，就派太尉周亚夫带领三十六个将军去攻打吴国、楚国；派曲周侯郦寄攻打赵国；派将军栾布攻打齐国；派大将军窦婴屯兵荥阳，监视齐国、赵国的军队。

窦婴向刘启引荐曾担任过吴国丞相的袁盎。刘启召袁盎进宫相见，趁机劝说刘启杀掉晁错，以保国家安全，平息叛乱。刘启采纳了袁盎的计策，派人到晁错家传旨，骗晁错说让他上朝议事。可怜晁错为汉家天下日夜操劳，临死前竟然还完全被蒙在鼓里，最后落得个腰斩的悲惨下场，全家人也一起遭难。

其实我们只要稍微思考便可知道，晁错不过是一只替罪羊。试想，倘若刘启没有削藩之心，晁错就算舌灿金莲，说个天花乱坠又有什么用？但是一到了危难之际，晁错就成了“蛊惑君心”的罪魁祸首，成了刘启加强中央集权的无辜牺牲品。为求一时之苟安，刘启昧着良心“斩御史大夫晁错以谢七国”，这个行径不仅很小人，而且也很残忍。

周亚夫是平定“七国之乱”的首功之臣。然而，就是这样一个关系国家社稷兴衰存亡的重臣，却也没有得到什么好下场。刘启废太子刘荣改立刘彘（汉武帝刘彻）为太子时，曾遭到过周亚夫的反对，刘启因此耿耿于怀，开始疏远周亚夫。刘启另立太子后，对权倾朝野的周亚夫最不放心，又寻机处置了他。景帝后元元年（前143年），竟然以莫须有的罪名将周亚夫削职下狱。一代名将，五天不吃东西，最终呕血冤死。逼死周亚夫与冤杀晁错一样，都说明景帝“寡恩忍杀”，惯于过河拆桥。这还不算，周亚夫都死了，刘启仍怒气不消，又下令绝其侯国，不准周亚夫之子嗣为侯。

对待功臣如此，对待自己的亲生儿子也没有好到哪里去。

刘启的正妻薄皇后一直无所出，给了所有的庶子机会。公元前153年，刘启立刘荣为太子，同时封刘彻为胶东王。三年后，因为栗姬失宠，汉景帝废刘荣为临江王，另立刘彻为太子。

临江王宫比较狭小，起居不便，刘荣被贬，骄气仍在，便想要扩建宫殿，偏偏王宫旁边就是汉文帝的祭庙。他一不小心就侵占了高祖庙。侵宗庙，是违反宗法制度的事情，可大可小。但刘启对他这个被废黜太子位的儿子并不放心，于是他较起真来，马上下令提

刘荣进京，交中尉府审理。

圣旨一下，谁敢不从，刘荣只得在惊恐不安中登上回长安的车子，车子刚刚行驶，车轴就无故断裂，这似乎预示着刘荣的噩运又一次来临了。

对于这桩可大可小的案件，刘启没有亲自过问，而是打一开始就把儿子交给了郅都。郅都是汉朝有名的酷吏，理狱虽秉公，但也严苛至极，落在他手里的人，几乎是没有活路的。可以看出，对于这个失宠失势的儿子，刘启并没有多少舔犊之情，俨然在情感上已经抛弃了他。

中尉府里，郅都拿出自己对罪犯的手段，对刘荣呵斥百端，辞色俱厉。好端端的太子说废就废了，犯下一点小过又遭严讯，刘荣最初的恐惧这时都化作了满腔委屈与悲愤，他不肯认罪，索要纸笔想写信直接向祖母和父亲申诉。郅都根本不给他这个机会，刘荣身陷囹圄，叫天天不应，呼地地不灵，境遇实在可叹。

窦婴闻听此事后，知道向刘启进言已经没什么用了，但他又于心不忍，于是派人偷偷给刘荣送去纸笔。曾经堂堂的太子被困囚牢，受尽屈辱，受辱益甚，一腔孤愤，无法化解，早就不想苟且偷生。他写完给祖母的申诉信以后，就在囚室里自杀了。

从被废到自杀，才不过一年多一点的时间，刘荣就从帝国的储君位上走赴黄泉，与他的母亲悲戚相见。

刘荣自尽的消息传来，汉景帝没有表现出任何的自责和惋惜，只是不以为然地下令收葬了事。

倚重文臣而将文臣当作替罪羊，依靠武将而冤杀武将，耿怀旧事饿死邓通，冷酷无情逼死亲子，汉景帝过河拆桥、翻云覆雨、睚眦必报，刻薄寡恩的另一面已然跃然纸上。而在平息“七国之乱”时，从他颁布的“以深入多杀为功，比三百石以上皆杀，敢有议诏及不如诏者，皆要（腰）斩”的诏令来看，刘启这个人又是非常好杀的。据悉，后世发掘刘启墓时，从阳陵南面数里长的殉葬坑规模估算，殉葬刑徒应在万人以上。汉景帝死后，没有像他爷爷汉高祖、他爹汉文帝、他儿子汉武帝，以及后世子孙汉宣帝、汉元帝那样称宗立庙；在后人所讲的“汉称七制”中，他也没有像刘邦、刘恒、刘彻、刘询、刘秀、刘庄、刘炟那样得到一席之地。这样的结果，不能不说是与刘启生平行事虚伪、刻薄寡恩、残忍好杀，致使亲人心寒、臣下心伤有关。

他雄才大略又好大喜功穷兵黩武

人们对历史上的帝王常以“明君”“昏君”名之，汉武帝应该算一个明君，因为他能选拔、重用能人，能解决祖辈长期难以解决的老大难问题。

汉武帝即位后，年龄虽小，但颇有胆识，卓有才干。他为实现安邦定国的伟大抱负，一开始就十分注意发现人才，选拔人才，重用具有真才实学之士。建元元年（前 140 年）武帝怀着“任大而守

重”的使命，下诏全国荐举“贤良方正”之士到朝廷接受策问，一次就由各地推荐上来一百多位人才。

受到汉武帝重用的文人武将首推董仲舒。儒家代表人物董仲舒“从容以对”，提出了颇有见地的治国安邦之策，轰动了朝野，深得武帝之心，使得儒家思想被确立为西汉中央集权王朝的正统思想。董仲舒亦被重用，先后任江都王和胶西王的国相，一直备受武帝的尊重。

主父偃出身贫寒，长期怀才不遇，到长安后直接向武帝上书九条，大显才能，使武帝颇有相见恨晚之感，遂任其为中大夫，一年连升四级。主父偃是后来“推恩令”政策的主要筹划者，为加强中央集权作出了贡献。西汉大臣公孙弘，少时家境贫寒，以牧为生。武帝召试贤良文学之士，他被选拔为博士，时年已60岁。后又升为御史大夫，封平津侯。当时的吴人朱买臣，家贫好学，妻子嫌他穷而改嫁了。后来他主动上书武帝言政，受到赏识，被破格录用，任中大夫，升主爵都尉，列为九卿之一。西汉将领韩安国，在平定吴楚之乱中表现出极大的才干，被武帝召为当地都尉兼大司农，后升为御史大夫，在抗击匈奴中发挥了重要作用。

此外，出使西南边陲安抚少数民族的大文学家司马相如、主爵都尉汲黯，西汉大史学家司马迁，在开拓东南、西北立下战功的唐蒙、庄助，从牧羊人中提拔的卜式，从商贾中提拔的桑弘羊等，都是汉武帝通过召贤选能、广开仕途涌现出来的西汉重要治国人才。

由于武装立国等历史原因，武帝即位时，汉朝的显赫重官要职大都仍是军人贵族担任，为加强中央集权，汉武帝采取“强干弱枝”的政策，削弱地方割据势力。

汉景帝时，经过平定吴楚七国之乱，各地封国受到很大削弱。但到汉武帝时，有些封国“连城数十，地方千里”，势力仍然不小。为继续削弱这些封国的权利，武帝采纳了主父偃的建议，于元朔二年（前 127 年）颁布“推恩令”，清除分封制。按“推恩令”规定，把原来只有长子袭爵的诸王国，改为可以分封其他子弟做侯国。新封的侯国不再受原王国管辖，直接由各地的郡县来管理。“推恩令”名义上是皇帝施以恩德，实际上是剥夺诸侯王的政治军事权力，缩小诸侯王的地盘，使之无法割据一方，对抗朝廷。经过一番推恩削藩，诸侯势力进一步衰弱，中央的集权统治得到加强。

此外，武帝为了加强中央集权制还利用种种借口剥夺诸侯王国的爵位。

元鼎五年（前 112 年），武帝于八月在高祖庙会见诸侯王时，因各诸侯王出资的助祭酬金成色不好，被武帝一次削去侯爵的就有 106 人。到了武帝太初年间，只剩下五个侯爵。武帝末年，汉初以来所有的侯王，都被削除殆尽。

汉武帝在削弱诸侯王势力的同时，还着手打击地方豪强势力。汉初以来，地方豪强势力发展很快，武帝时，各地都出现了一批以强凌弱、以众暴寡、横行乡里的强宗豪右。为了抑制豪强的过度横行，汉武帝继续推行迁徙豪强的政策，把他们迁到关中，置于朝廷的控制之下，同时，允许严厉刚强、严格执法的官吏，杀戮豪强及其党徒。河内太守王温舒就曾先后诛杀郡中豪强千余家，“大者至族，小者乃死”，没收全部家产，使得“郡中无犬吠之盗”。

设置十三部刺史也是汉武帝时政治上“强干弱枝”的重要制度。元封五年（前 106 年），汉武帝把全国划分为十三个监察区域，叫

十三部(州)，每部(州)设刺史一人，刺史每年秋天巡行所部郡国，“省察治状，黜陟能否，断治冤狱，以六条问事”。刺史不处理一般事务，而是按“六条”查问郡县，专职检查部属郡县里的豪强、郡守、国相等的违法和营私舞弊行为，经考察后向中央推荐优秀的地方长官，建议罢免恶劣的官吏。刺史职位不高，秩六百石，但因出巡时代表朝廷，故“位卑而权重”。这一措施的施行，使地方豪强势力受到了遏制，社会趋于安定。

西汉初年所分封的诸王国国大民众，随着经济得到恢复和发展，财富日增，势力日强，逐步形成割据状态。汉景帝时，诸王国势力发展到了同朝廷分庭抗礼的地步。由此，爆发了“七国之乱”。汉武帝对待王国问题没有像景帝那样直接削藩，而是以“推恩令”的形式将王国再分封，以大化小。再次分封的王国数目虽然增加，但每个王国的直属领地却大大缩小，无力对抗中央。诸侯势力因此削弱。此后，武帝又以酬金成色为由大力剥夺王爵，终于彻底解决王国问题。

纵观汉武帝强干弱枝的过程，目标明确，注重方法，名正理端，形成舆论，把握时机，强力推行。重决策、有措施，行事预谋而磊落、成就大事业者当如此。

然而，汉武帝在内外政策上与秦始皇却有着惊人的相似之处。

他内兴功利，征四夷，在完成文治武功伟业的同时，也耗尽了文景帝以来的府库积蓄，加重了农民的负担，贫困破产的农民，多数成为地主豪强的佃客和佣工，受到残酷的剥削。因此，在汉武帝晚年，阶级矛盾和统治阶级内部矛盾都达到了空前尖锐的地步。

汉武帝晚年时期，国家已到了百姓难以承付战争的地步，但汉武帝为讨伐匈奴，穷兵黩武。《盐铁论》中，以夏侯胜为代表的知识分子认为，武帝嗜好战争，致使“海内虚耗，户口减半”。文景之治积累的国库让战争耗空，盗贼蜂起，没有恩泽给百姓。

史学家司马迁因替战败投降的汉朝名将李广之子李陵说公道话而惹恼汉武帝，遭腐刑惩罚，险些丧命。由于个人恩怨，加之政治见解异歧，其毕生所著的《史记》，对汉武帝多有指责批判，难免带有一定的个人感情偏见。有人质疑《史记》的客观性。其实，司马迁总体上是肯定武帝的，把他定位为有血性有作为的君主，应该说还是较为公正的。

他性情温和却立场不明混淆善恶

历史上的汉元帝是一个性格温和的皇帝，他反对滥用杀伐，重视民生，应该说可以成为一代仁君，但是却没有，原因就是他立场不分明，被奸佞欺骗而不自知，诚如司马光评价说：“甚矣，孝元之为君，易欺而难悟也。”

汉元帝本可以继承父业，延续汉朝中兴，但是他在执政时立场不明，混淆善恶是非，导致宦官横行，朝政败坏，历史的轨迹便朝着坏的方向发展下去了。

汉宣帝临终前，给自己的儿子汉元帝安排好了三人一体的辅政班子：第一位是外戚侍中、乐陵侯史高，另两位分别是太子太傅萧望之和太子少傅周堪，三人同领尚书事。应该说，汉宣帝这样安排不是随意使然，而是出于深思熟虑后的安排，这三人中，史高是外戚，另两位是儒臣，这样可以相互牵制，既不至于外戚专权，也不至于让皇权落入他人之手。

但汉宣帝做梦也想不到的是他自认为这般极巧妙的安排，竟在汉元帝即位不到一年，就出现了问题。史高以外戚之亲"领尚书事"，独揽大权，萧望之和周堪俨然成了他的副手。汉元帝对此有些不满，因为外戚专权历来是对皇权极大的威胁，显然汉元帝也意识到了这一点，于是，汉元帝开始倚重另两位名儒师傅，即萧望之和周堪，因之，萧望之等人的影响力越来越大，这让史高感到了极大的心理不平衡，于是与萧望之等人的嫌隙日深。鹬蚌相争，渔翁得利，外戚和儒臣的勾心斗角，却为宦官石显弄权提供了条件。

石显善于溜须拍马，阿谀奉承，常常博得元帝的欢心，元帝对他逐渐倚重。在元帝看来，外戚、儒臣都容易形成势力，威胁自己的权威，但"中人无外党，精专可信任"：即一个宦官，既没有骨肉之亲，又没有婚姻之累，不就可以集中精力、全心全意为我这个皇帝服务么？这样的人难道还不值得我信任么？因此事无大小，都交给石显等去处置。殊不知，石显之流野心勃勃，他们不仅和外戚史丹、许嘉勾结在一起，还拉拢了一批见风使舵的儒臣，结成朋党，甚至与长安豪侠万章交往甚密，这就已经形成了错综复杂的集团，并不是汉元帝想的那样——宦官是孤掌难鸣的。本来身体多病的元帝是想通过宦官石显来控制大权，结果却使大权旁落，石显之流利用手中的权力，打击正直大臣，迫使萧望之自杀，周堪、刘更生被贬为庶民。

面对宦官弄权，汉元帝不但没有制止，反而是纵容，在立场上已经混淆了是非。元帝六十多岁的师傅、被称为“当世名儒”的萧望之，因石显进谗言而被逼自杀，其时元帝正在用午膳，听到这个消息后痛哭流涕，连饭也吃不下去了，立即召来石显严厉责问，石显吓得摘掉帽子，磕头不止，结果汉元帝并没有惩罚他。从那以后直到自己病死的十几年间，元帝每年都要到萧望之的坟上去祭奠，然而，害死师傅的石显呢？元帝仍继续留在身边。

《淮南子·主术训》：“智欲圆而行欲方”，说的是处事时既要学会中庸、圆滑，同时又能坚持原则，保持独立个性。

“方”为做人之本，“圆”为处世之道，这两者不能偏颇任何一者，如果偏颇前者，做事就显得直切不通情理，而人与人之间如果没有情理则难以相处；如果偏颇后者，则会犯原则性的错误，没有了原则，做事便难以服人。

治国也要讲究方圆之道，汉元帝就是一个没有原则的人，在处理与大臣的关系时，立场不明确——轻小人远贤臣，导致了权力旁落。实际上，历代帝王都喜欢在方圆之间玩平衡术，借以加强自己的权威，但汉元帝玩得并不高明，因为他的平衡术完全偏向了对自己不利的一面，这要归咎于他模糊了忠奸善恶的界限，养虎为患的妇人之仁导致更多的忠义之士被害，汉朝已然在走下坡路了。

他杀了亲子，最终纵欲而死

公元前51年，刘骜出生于甲馆画堂。汉宣帝很喜欢这个嫡皇孙，亲自为他取名为刘骜(骜即骏马)，字太孙，经常把他放在自己身边。汉宣帝去世后，汉元帝刘奭即位，刘骜被立为太子。青年时的刘骜爱读经书，喜欢文辞，宽博谨慎。有一次元帝急诏刘骜，他不敢横越驰道（皇帝专用道路），绕了一圈迟迟才面见元帝，元帝知道了事情始末之后，非常的高兴，下令以后太子可以直接穿越驰道。

汉元帝崩，皇太子刘骜继承皇位，是为汉成帝。刘骜的母亲王政君被尊为皇太后，从此外戚王氏家族登上了西汉的政治舞台，也为后来的王莽乱国埋下了伏笔。经过他爷爷精心治理重新繁荣起来的大汉帝国，在他的一通乱搞下，终于日薄西山，被王莽篡夺。

汉成帝在还未继承帝位的时候，就已经沉湎于酒色，登基之后更肆无忌惮。

汉成帝有一个男宠张放，据《汉书》记载，张放出身显贵，曾祖父官拜大司马，母亲是公主之女。他本人身居侯爵——富平侯。张放年少英俊，聪明有才华，如此聪慧的少年，汉成帝颇是喜爱。

平日里“与上卧起，宠爱殊绝”，两人还经常一起微服外出，汉成帝在外出游玩时假称是张放的家人，由此可见张放当时受宠的程度。

此事引起了朝臣的不满，各种言论传到了太后王政君的耳中，再加上几个国舅的煽风点火，太后就将张放以莫须有的罪名流放。汉成帝不堪思念之苦，多次召张放回京团聚，之后又迫于压力把张放放逐，如此反反复复好几次，每次两人不得不分离经年，总之是分开，再封官；再分，再封官。分开之后，不堪思念之苦，成帝“玺书劳问不绝”，千里递情书。最后一次见面几个月之后，成帝驾崩，飘然而去。令人震撼的是，“放思慕哭泣而死”，朝思暮想下一次的重逢，日日夜夜憧憬着重逢的场景，盼到的竟是心上人逝去的噩耗，遥望千山万水，念及从此天人永隔，张放痛哭涕零，郁郁而终。后世评论历代同性恋之间相互感情时，皆认为这一对是最深刻的。

汉成帝刚刚即位的时候，就花了大量金钱，建造霄游宫、飞行殿和云雷宫供自己淫乐。他最初专宠少年结发妻子许皇后，前后二十年，生了一儿一女，皆夭折，这引起了王氏集团的担心，让汉成帝恩宠六宫，后来许皇后色衰，成帝便也移情别恋，开始宠爱班婕妤。班婕妤生了一个男孩，数月即夭折。班婕妤美而不艳，丽而不俗，又博通文史，知书达礼，她没有一般女子“好妒”的毛病，把侍女李平进献给汉成帝，李平又得宠幸，也被封为婕妤。汉成帝说：“当初孝武帝的卫皇后也从微贱而起。”因此赐李平姓“卫”，她就成了卫婕妤。

有一天，汉成帝出宫嬉游，来到阳阿公主家。阳阿见皇帝兄弟驾到，盛宴款待，并让几名歌女一旁歌舞助兴。其中有位歌女，歌

声娇脆、舞姿优美、身材袅娜、娇小可爱。成帝一见钟情，急不可待，马上在更衣室里大布云雨，随后又把她带回宫中，当即封为婕妤。

这人就是汉朝最著名的美人赵飞燕，绝对骨感美人，体态轻盈，天生猫步，如风拂杨柳、燕飞翩跹，“赵飞燕”之名亦由此而来。“环肥燕瘦”的成语，就是拿她的苗条与杨贵妃的丰腴相比。不久成帝还废掉了许皇后（据说与赵飞燕诬告有关）、疏远了班婕妤（据说也是赵飞燕指责她有邪媚之道），并顶住后宫压力，册立赵飞燕为皇后，从此与她一起登舟游乐，宠爱无比。

成帝为了取悦新皇后，令工匠在皇宫太液池建造了一艘华丽的御船，叫“合宫舟”。一天，成帝带着飞燕一同泛舟赏景。飞燕穿着南越所贡云英紫裙、碧琼轻绡，一面轻歌《归凤送远》之曲，一面翩翩起舞，成帝令侍郎冯无方吹笙以配飞燕歌舞。舟至中流，狂风骤起，险些将身轻如燕的赵飞燕吹倒，冯无方奉成帝之命救护，扔掉乐器，拽住皇后的两只脚不肯松手，飞燕则继续歌舞。此后，宫中便流传“飞燕能作掌上舞”的佳话。

正当赵飞燕沉浸在母仪天下的荣华与威势之中时，却失了宠。得宠的是其妹赵合德，她从小与赵飞燕一起长大，对姐姐十分尊敬，在成帝面前为她百般回护，因而飞燕的地位并未因皇帝移宠而动摇。赵氏姐妹，尤其是赵合德，得专宠十年有余，但两人皆无子。

宫中有个叫曹伟能的女官，怀上了成帝的孩子，临产时，赵合德命中黄门田客拿着皇帝的诏书，毒死了曹姬，取走了婴儿，最终不知下落。后来嫔妃许美人怀孕，汉成帝暗中派御医去探视，又送给许美人三粒名贵的养身丸药，做保胎之用。许美人生了儿子以后，赵合德知道了，大哭大闹了一场，最后胁迫成帝亲手掐死了自己的儿子。赵氏姐妹的残忍令人发指，而汉成帝的昏庸也无以复加。当时有讥刺赵飞燕童谣道："燕燕，尾涎涎，张公子，时相见。木门仓琅根，燕飞来，啄皇孙。皇孙死，燕啄矢。"

当一向身体健壮的汉成帝在仅45岁便暴亡时，内廷猜疑不已。孝元王太后与大司马王莽"治问皇帝起居发病状"，用意很明显，就是怀疑赵合德与成帝的死有关。在这吵吵嚷嚷的闹剧中，最后赵合德被逼自杀。其实，根本原因还是成帝本人太过荒淫，自取灭亡。成帝少年时纵欲不知自持，后又沉迷于二赵，老夫少妻，精力不济，而据说那赵飞燕除了擅长狐媚之术外，还会配制一种助长性欲的春药，而且这种药一服用就上瘾，戒也戒不掉。他每次宠幸赵氏姐妹时都要来上一粒，在温柔乡中享受快乐，也透支了生命。

汉成帝结发妻子许皇后先后生下一儿一女，但不久都早夭；之后与班婕妤有一子，也早夭；后来宠幸赵飞燕、赵合德姐妹，皆无子，而赵氏姐妹迫害后宫，导致汉成帝最终绝后，皇位只能由侄子继承。

他竟为一个男人，冷落后宫佳丽三千

西汉皇帝好男色是有传统的。比如汉文帝的男宠邓通，就被赐予一座铜山，用于铸造钱币供自己开销，由此成为天下最富有的人。到了汉武帝那会儿，他的男宠韩嫣拿着金丸四处打鸟，屁股后面天天就跟着一群小孩子捡金丸。还有我们刚刚讲过的，汉成帝宠张放，“与上卧起，宠爱殊绝”。到了汉哀帝，则达到了登峰造极的地步，将后宫佳丽弃诸一旁，独宠董贤一人。

建平二年（前5年），有一天，哀帝下朝回宫，看到殿前站着一个人，正在传漏报时，哀帝随口问道：“那不是舍人董贤吗？”那人忙叩头道：“正是小臣董贤。”董贤是御史董恭的儿子，在汉哀帝刘欣还是太子时他就曾当过太子舍人。就是这一瞥，哀帝忽然发现，几年不见，董贤越长越俊俏了，他不禁大为喜爱，命他随身侍候。从此对他日益宠爱，同辇而坐，同车而乘，同榻而眠。

据说，一天哀帝早晨醒来，见董贤还睡着，哀帝欲将衣袖掣回，却又不忍惊动董贤。可是衣袖被董贤的身体压住，不能取出，待要仍然睡下，自己又有事不能待他醒来，一时性急，哀帝竟从床头拔出佩刀，将衣袖割断，然后悄悄出去。待董贤醒来，见身下压着哀帝的断袖，也感到哀帝的深情，从此越发柔媚，须臾不离帝侧。后人将同性恋称为“断袖之癖”，便是源出于此。

自从这件事以后，董贤知道了皇帝对自己的一片赤诚爱意，当然也非常感动。但是为了避免以后再发生这种事情，他在宫中发起了一次衣着服饰的改革，率先穿起了窄袖短襟的衣服，图一个行动上的便利，同时又大方得体，而不再像汉朝以前的穿衣习惯那样，以穿着长袖宽衫为美。他的这种改变，在皇宫中带动了一波潮流，宫女妃嫔们都争相学着他的样子，割断自己的衣袖，穿起简便舒适的衣服，并且以此作为时尚。

董贤有一个妹妹，还未嫁人，面貌与董贤相似，于是他将妹妹也送进宫侍奉汉哀帝。汉哀帝非常高兴，第二天封董氏为昭仪，地位仅次于皇后。皇后的宫殿称“椒房”，董昭仪所居处特赐号“椒风”，表示与皇后名号相等。董贤的妻子美艳非常，她名隶宫籍后，出入宫禁，被哀帝看见。哀帝不禁心动，令她与董贤同侍左右。从此与妻妹二人，轮流值宿。俗语称作“和窠爵”。

为了使董贤能够开开心心地侍奉自己，哀帝还利用自己的特权，尽可能地照应董贤的家人，提拔董贤的父亲为少府，赐爵关内侯，有封邑可食，不久又转为卫尉。又任命董贤的老丈人为将作大匠，就是专门负责土木工程的官员，小舅子为执金吾。诏令将作大匠大造宅第于北阙下，如皇帝制度，前殿后殿，殿门相对，土木之工，极其富丽堂皇，支柱与轩栏之板都用丝绸包裹。就连董贤家的奴仆也受到皇上的赏赐，赏赐物有武库的兵器，上方的珍宝。以至于东园秘器（棺材），珠襦玉匣，都预先赏给董贤，无所不备。

哀帝想封董贤为侯，但苦于找不到机会。正当此时，待诏孙宠、息夫躬等人告发东平王刘云的夫人到庙中祭扫，祈求鬼神降祸于所

恶之人的不法事，交刑部治罪，都低头认罪。皇上叫孙宠、息夫躬说是通过董贤告赢的，把功劳记于董贤，下诏封董贤为高安侯，息夫躬为宜陵侯，孙宠为方阳侯，食邑各千户。不久，又追加董贤两千户。丞相王嘉数次在哀帝面前谏争，指斥董贤破坏国家制度，被投入监狱而死。哀帝的舅父丁明为王嘉鸣不平，被哀帝撵回家去，并让董贤代丁明为大司马卫将军，并授以全权。这一年，董贤才22岁，虽为三公，却常居宫中，领尚书事，百官奏事都需经他手方能上达。据说那时正好有一个匈奴单于到中国来朝见汉朝皇帝，他见到掌握中国最大权力的大司马竟然是这么一个年纪轻轻的美貌少年，不由得觉得非常惊讶。在他的询问之下，哀帝给他的答复是："别看大司马年纪轻轻，但却是中国最有贤德的人，所以才能登此高位。"结果，匈奴单于还信以为真，恭恭敬敬地向董贤行了大礼，又恭喜汉朝皇帝得到了这样一位年轻的贤臣。

后来，哀帝对董贤的喜爱已经无法用言语表达了，似乎不知道怎样宠幸董贤才好。有一天，哀帝在麒麟殿摆酒，董贤父子及其亲属应邀赴宴，王闳兄弟都是座上客，在旁陪侍。哀帝酒劲儿上来了，深情款款地看着董贤，笑着说："我欲效法尧禅让舜（传位给董贤）如何？"王闳慌忙说道："天下是高皇帝打下的天下，不归陛下所私有。陛下继承祖宗的事业，应传给刘姓子孙以至于无穷。继承权至关重大，天子无戏言！"哀帝听了这话，默不作声了，显得很不高兴，以后再有宴会，再也不让王闳参加了。

哀帝这时还很年轻，但他无法想象自己死后没有董贤陪伴的日子，于是命人在自己已经建好的皇陵旁边又建了一座坟墓，生同床，死同穴。但是没有想到，尽管哀帝与董贤如此痴情相守，他们分别的这一天却这么早就到来了。元寿二年六月，25岁的哀帝突然病死。太皇太后让王莽出来主持朝政。王莽极力弹劾董贤，不许他进宫。而董贤却在汉哀帝刘欣死去的第二天，就在家中自杀，为哀帝殉情。死时还保留着汉哀帝留给他的玉玺。董贤死后，王莽疑心其假死，命人开棺验尸，没收其财产，将其家属全部充军流放。

他忍术最好，终以“柔道”而得天下

“大肚能忍，忍尽天下难忍之事”，这是弥勒佛才有的功夫，而刘秀居然也有这样的功夫，自然，他也就拥有非同寻常的造化。

刘秀（公元前5年～公元57年3月29日），东汉王朝开国皇帝，庙号“世祖”，谥号“光武皇帝”，中国历史上著名的政治家、军事家。新莽末年，海内分崩，天下大乱，身为一介布衣却有前朝血统的刘秀在家乡乘势起兵。公元25年，刘秀与更始政权公开决裂，于河北登基称帝，为表刘氏重兴之意，仍以“汉”为其国号，史称“东汉”。

经过长达十二年之久的统一战争，刘秀先后平灭了关东、陇右、西蜀等地的割据政权，结束了自新莽末年以来长达近二十年的军阀混战与割据局面。刘秀在位三十三年，大兴儒学、推崇气节，东汉一朝也被后世史家推崇为中国历史上“风化最美、儒学最盛”的

时代。

纵观古代君王，能够将此“柔道”运用得挥洒自如之人，非汉光武帝刘秀莫属。他的故事，最精彩之处莫过于“以柔开国”的那段传奇，无怪乎后世有人称刘秀是“忍术最好的皇帝”。

话还要从西汉末年说起，是时王莽篡位，骄奢淫逸，民不聊生，很快就失去了民心。各路豪杰和农民起义军纷纷兴起，与王莽政权斗争。这些起义军的领袖有很多都自称是汉代宗室，以示自己的起义的正义性，同时借由人们对汉室的思念吸引更多的人加入。这其中有真宗室，也有假宗室。

刘縯、刘秀兄弟二人参与领导的起义军，也是打出匡复汉室的旗号，拥立族兄刘玄为帝，号更始帝。但是刘縯、刘秀兄弟威名日盛，越来越受人爱戴，引起刘玄的不安，一些依附刘玄的将领们开始劝刘玄除掉刘縯、刘秀兄弟。

这时刘縯手下的一些人不服刘玄当皇帝，就公开拒绝刘玄的任命，有的人还说：“本来起兵图大事的是伯升(刘縯字伯升)兄弟，现在的皇帝是干什么的？”于是刘玄就借封刘縯部将刘稷为抗威将军而不受之故，把刘稷及为他说情的刘縯杀掉了。

刘秀当时正在昆阳，听到哥哥被杀，十分悲痛，大哭了一场，立即动身来到宛城，见了刘玄，并不多说话，只讲自己的过失。刘玄问起昆阳的战况，刘秀归功于诸将，一点也不自夸自傲。回到住处，逢人吊问，也绝口不提哥哥被杀的事。既不穿孝，仍照常吃饭，与平时一样，毫无改变。刘玄见他如此，反觉得有些惭愧，从此更加信任刘秀，并拜为破虏大将军，封武信侯。其实刘秀因为兄长被杀而万分悲痛，此后数年想起此事还经常流泪叹息。但他知道当时自己尚无力与平林、新市两股起义军的力量抗衡，所以隐忍不发。

刘秀的这次隐忍，既保全了自己，又在起义军中赢得了同情和信赖，为他日后自立创造了一定条件。

公元 23 年 9 月，刘玄的军队相继攻下长安和洛阳。刘玄打算以洛阳为皇都，便命刘秀先行前往整饬吏制。刘秀到任，安排僚属，下达文书，从工作秩序到官吏的装束服饰，全恢复汉朝旧制。当时，关中一带的官员赶来迎接皇帝刘玄去长安，他们见到刘玄的将领们头上随便包一块布，没有武冠，有的甚至穿着女人衣裳，滑稽可笑，没有庄重威严的样子，但刘秀的僚属却是仪容整齐。一些老官员流着泪说："没想到今天又看到了汉朝官员的威仪！"他们纷纷对刘秀产生敬佩心理。

在当时全国独立称王的有十多个集团。王莽据有从洛阳到长安的地盘。更始帝及所属绿林，由今日之湖北西北透过河南西南向这地区前进。山东之赤眉，也自青州、徐州向西觊觎同一地区。

刘玄定都洛阳以后，便欲派一位亲近而又有能力的大臣去安抚河北一带。刘秀看到这是一个发展个人力量的大好机会，便托人往说刘玄。刘玄同意了这个请求，刘秀就以更始政权大司马的身份前往河北，开始了扩张个人势力、建立东汉政权的活动。

不过，当时河北有王郎称帝。王郎原本是以占卜为生，但现在也假称自己是汉成帝的儿子，自立为汉帝，起兵攻取州郡，一时很有声势。刘秀初抵邯郸时力尚未丰，只能采取迂回战略，径向极北定县蓟州各处，一路以劝服征伐等方式，集合几万人的兵力，于次年春夏之交，才回头拔邯郸诛王郎。这是用南北轴心作军事行动的方针，以边区的新兴力量问鼎中原，超过其他军事集团的战略。

后来刘秀集结兵力，经过数番激战，最后合围巨鹿，使敌人分兵，最后一举攻取了邯郸。

王郎战败被杀，结束了皇帝梦。刘秀收查他的往来文件书信，发现里面有手下官员们写给王郎的上千封书信，内容很多是诋毁和诽谤刘秀的，甚至有出主意剿杀刘秀的。左右劝他严加追查，好一网打尽。刘秀未置可否。

一天，刘秀把官员们召集在一处，点起炉火，火光映照在士兵们的刀枪上，显得威严而肃穆。那些与王郎暗中往来的官员都惶恐不安，脸色苍白，他们知道一旦追究起来，即使不是杀头，也会被关进深牢大狱。胆小的人开始瑟瑟发抖，胆大的也开始后悔没有早些逃走。

刘秀却是一副若无其事的样子，他让士兵把那些信件都扔进火炉，看着书信燃烧成灰烬，然后说："现在大家可以安心了。"

官员们都拜伏在地上，庆幸自己逃过了一劫，同时也很感激刘秀放过他们。从此以后，再也没有人敢对刘秀有二心了。

就这样，刘秀以他的谋略和宽容收服了人心，实力渐渐增强，最后不仅灭掉刘玄为兄长报了仇，而且成为东汉的开国皇帝。

在前半生的戎马生涯中，刘秀要统率驾驭很多不容易领导的人物，而他都能够补短截长，互相牵制，除了他的宗室身份，谨厚的声名和领导能力的天才外，同时还在于他有着忍性和宽容之心。

刘玄与刘秀兄弟反目之时，刘秀羽翼未丰，若是快意恩仇，直接与刘玄叫板，弄不好就是两败俱伤。非但有可能报不了杀兄之仇，更有可能令他人乘虚而入，将自己兄弟辛苦建立起来的基业毁之一旦。所以，刘秀选择了主动认错，虽然这错并不在他。事实证明，刘秀的谋略是很成功的，刘玄非但没有加害于他，反而略感惭愧，并对他委以重任。这更为刘秀的崛起创造了条件。此后，刘秀一直表现得非常低调，进一步取得了刘玄的信任，最终"反客为主"灭掉了刘玄，报了杀兄之仇。

刘秀本人不仅喜好学问，而且“尊贤下士”。他把尊贤看作国家治乱盛衰的大事。他对不仕王莽新朝的学士名人，更是悉力召见。凡应征召见的，刘秀均亲躬下问，量才授职。凡不愿为官的，刘秀也不强求，以礼相待，虚心咨询。刘秀视建太学重于修饰宫室，又大力提倡经学。史称他“爱好经术，未及下车，而先访儒雅”。正是由于刘秀尊贤重学，因而儒生学士包括不仕王莽新朝的独行逸士也都愿为东汉服务了。刘秀还崇尚名节，允许知识分子结恩义、讲气节、交相引、兴清议。如此提倡的结果，使东汉一代忠贞之气蔚然成风。

凡此种种，使刘秀统治时期国家政治清明，任贤使能，外戚、功臣自觉回避政治。如把三百个功臣封列侯的方法，让功臣们既不干预朝政，保持荣耀，又防止功高擅权。大功臣邓禹，虽为云台二十八将之首，亦急流勇退。他在战争平息后，就食邑不问政事，潜读佛书。外戚阴兴坚决辞去被封列侯，认为“外戚家若不识谦退，富贵有极，人当知足”。政治稳定，使社会秩序安定，人民安居乐业。经过十几年的努力生产，东汉初经济有了很大的发展，人口及垦田数逐年增加，税收也随着增加。国家从战乱萧条中逐渐恢复元气，进而繁荣兴盛。由于有刘秀的十多年和平治国的基础，东汉前期的七八十年中，生产发展，人口增加，垦田数和纳税者也随着增加。公元 57 年，全国人口仅 2100 万，到公元 105 年，全国人口已达到 5300 万人。垦田数到东汉和帝时，达到 7.3 亿亩。手工业和商业也得到很大的发展。刘秀经过几十年的努力，使分裂割据的国家恢复了统一，并使国家从战乱萧条中逐渐走向繁荣兴盛。史学家把刘秀统治的这段时期称为“光武中兴”。

东汉政权是在豪强地主的支持下建立起来的。刘秀手下的云台二十八将绝大部分是豪强地主出身。刘秀对豪强地主的势力采取妥协和保护的方针，使豪强地主得以兼并大量土地财产，控制农民。这激化了地主阶级和农民的矛盾。刘秀奉行柔道治国，采取一些积极的统治政策，促进了经济的发展，换来东汉的中兴局面。以德政来协调统治是他政治上维护豪强地主利益的一个补救，也是迫不得以而为之。度田令的失败是他政治上最大的遗憾，更是大封功臣消极作用的集中表现。作为太学生的刘秀偃武修文、礼贤重学、广揽人才，最终实现了中兴汉室。

从历史资料中我们还可以看出，刘秀之所以能够获得成功，不仅仅因为他能“忍”，还在于他深谙“攻心之道”，能够将“人心”管理得服服帖帖。

所谓得人心者得天下，与其将人们赶到与自己为敌的一方，还不如对他们施以德行，以收为己用。正如古人所说：“大德容下，大道容众。盖趋利而避害，此人心之常也，宜恕以安人心。”刘秀在这方面做得就很好，他“怀柔”兴汉，少杀多仁，不论是军事、政治还是外交等方面都治理得很好。曹操以奸诈成功，刘秀以“柔道”而得天下，看来，儒、道理论并非迂腐之学，只要运用得当，完全可以比别的方法更有效，更好。

他重用宦官外戚，把东汉带向了败落

东汉的皇帝列表中，除了汉光武帝、汉明帝还有东汉末代皇帝汉献帝之外，其他的皇帝都是皇太后和太监手中的傀儡，作为一国之君的皇帝混到这份上也算凄凉了，他们中也有人去反抗，希望断掉太监和太后的联盟，重新启用文臣集团，其中第一个尝试的，就是东汉的第七任皇帝：汉顺帝刘保。

刘保本来是安帝的独生子，依照常理，在安帝死后继承皇位，应当是没有任何悬念的。但历史偏偏在这里又转了个弯弯，刘保差一点就失去了帝位，原因就是刘保的母亲不是安帝所爱的阎皇后，而是一个普通的宫女李氏。刘保被立为太子时，他的母亲已经被阎皇后鸩杀，由于怕刘保即位后追讨杀母之仇，阎皇后向安帝进谗言，刘保被废黜太子地位。

公元125年三月，汉安帝带着阎皇后春游，到了河南宛城，突然就生病了，而且病得很严重，随行的太医研究了半天，也不知道汉安帝得的是什么病，没办法，赶紧回京城吧。从宛城回京城洛阳，就几天的路程，可是汉安帝一刻也等不了，皇帝的车驾刚到河南省

叶县南，安帝就死了。

随行的阎皇后及其兄弟阎显怕朝中大臣拥刘保为帝，故密不发丧，回宫后安排好诸事，才宣告消息。而此时，邓氏兄弟已经遵照阎后与宦官们密谋的决定，派人迎立济北王刘寿的儿子北乡侯刘懿为帝。

这个刘懿也是个病秧子，立为皇帝后就一直生病，总不见好。宦官孙程与济阴王谒者长兴渠密谋："济阴王刘保是先帝的嫡亲儿子，本来没什么过错。因为先帝听信谗言，才被废黜。如果北乡侯死的话，我们联合起来，共斩江京和阎显，事情肯定成功！"要说孙程的这张嘴还真有点诅咒的魔力，刘懿在皇帝的位置上才坐了二百多天，就死了。

刘懿死后，阎太后重演安帝死后秘不发丧的故伎，同时派人去征召其他藩王的儿子即位。阎太后此举，外朝自然被蒙骗得住，可是孙程等人身在宫内，当然很快知道消息。大家认为，如果等到外藩的王子召来，刘保就彻底没机会了，现在是最后的机会，趁着少帝已死，外藩王子未到，推翻阎太后，大事可成。

两天后，孙程、王康、王国、黄龙、彭恺、孟叔、李建、王成、张贤、史汎、马国、王道、李元、杨佗、陈予、赵封、李刚、魏猛、苗光十九位宦官从德阳殿出发，直扑章台门，当时阎太后几个宦官死党都在，孙程等人突然杀到，话不多说，抬刀就砍，三下五除二，阎太后的心腹宦官就只剩下了雍乡侯李闰。孙程把血淋淋的刀架在了李闰的脖子上，说："我们要迎立济阴王，你愿意不愿意？"李闰觉得事已至此没有反对的必要了，于是答应下来。孙程二话不说，拉上他回到德阳殿，就以李闰的名义拥立刘保，是为顺帝。

接着，阎太后被迁入冷宫，软禁了起来。她的哥哥阎显当时是车骑将军、仪同三司，相当于现在的京城卫戍部队司令。可惜，他这个时候在京城外面防备那些有实力的王侯呢，万万没料到被十几个太监趁机钻了空子，等阎显得到消息返回皇宫时，一切已成定局，京城最精锐的部队虎贲军、羽林军都宣誓效忠皇帝。阎显、阎景、阎晏兄弟被捉后全部诛死，至此，顺帝清除政敌的行动告一段落。

宦官孙程等 19 人因为功不可没，被全部封侯。但不久以后，顺帝却逐渐疏远了孙程等人，信任另一个宦官张防，重大事情先同张防商量。张防靠顺帝的信任，卖弄权势，违法乱行。孙程集团与张防集团明争暗斗，把朝廷搞得帮派林立，乌烟瘴气，最后顺帝索性谁也不宠信了，却倚重皇后梁妠这一大家子，从此开始了东汉历史祸害最大的梁氏外戚专政二十多年的黑暗史，皇后梁妠的兄弟也是历史上著名大奸臣梁冀开始登上权力顶峰。于是政治更加腐败，阶级矛盾日益尖锐，百姓怨声载道，简直是民不聊生。

汉顺帝在位二十年，东汉宦官和外戚专权在他这里到了极致。顺帝死后，梁后和梁冀为了确保大权依然在握，捧出了东汉又一个婴儿皇帝汉冲帝，冲帝在位八个月就死了，他们又如法炮制，立了个 8 岁的汉质帝刘缵。刘缵年龄虽小，还算有些先祖的血性，他看不惯梁氏弄权，一次朝会中，当着群臣的面说梁冀是“跋扈将军”，表示自己的义愤，惹得梁冀大怒。退朝后，梁冀衔恨在心，觉得刘

缵虽小，但为人聪慧早熟，又是一朝之主，担心质帝年长后难以支配，决定害死他。于是，梁冀让安插在质帝身边的亲信暗中把毒药搀在质帝食用的煮饼之中。质帝吃过毒饼，顿觉气闷肚痛，死于洛阳宫中，年仅 9 岁。最后不得不立汉章帝的孙子刘志继位，这个就是后来把梁冀一族一网打尽的汉恒帝。总之，从顺帝一朝开始，就一个乱字了得，何来顺?

第三卷　战将篇

繁霜尽是心头血．洒向千峰秋叶丹

他们驰骋疆场，歃血为盟；他们风花雪月，重情重义。他们给后人留下了耀眼的光芒，同时也留下了刀光剑影中的威仪。他们既是历史的受益者，又是历史的受害者。他们抓住了历史上难得的机遇，顺势成就了惊天动地的伟业，最终又不得不接受失败的悲剧命运，走上一条非正常死亡的道路。他们的成与败，实际上是人性本质与历史规则大碰撞的结果。

韩信：无论反与不反，都留你不得

“生死一知己，存亡两妇人”，十个字浓缩了韩信的一生。它堪称世界上最短的名人传。

“生死一知己”指的是伯乐兼刽子手萧何；“存亡两妇人”指的是施食救命的漂母和杀害韩信的吕雉。韩信的生存、显赫和毁灭，确实和这三人有极大的关系。

韩信是淮阴人，因为家贫，加上他自己浪荡而无行，所以既不能被人推举为官吏，又不会经商谋生，因而流落成一个街头混混，常跑到别人家里吃白食，邻居们都很讨厌他。

韩信曾到南昌亭长家寄食数月，也难得这位亭长好脾气。亭长虽然容忍韩信在他家里白吃，但亭长的妻子却实在受不了了，又不愿公开得罪韩信，便一大早就吃饭，等到了开饭的时间韩信赶到时，人家家里已经没有饭了。

韩信也知道人家不愿白养活他，一气之下竟掉头而去。

离开亭长家，韩信实在找不到可以白吃饭的地方了，便学姜太公垂钓的样子，在淮阴城边的河中钓鱼。

有个常到河边洗衣服的老太太见韩信没饭吃，挺可怜，便每天给他带点饭来。就这样，老太太连续给韩信送了几十天的饭，韩信很感动，表示将来如果发迹，一定会报答老人。

不想老太太却生气了，教训韩信道："大丈夫不能自食其力，我可怜你才给你点饭吃，谁指望你将来报答！"

好在韩信被人瞧不起已经习惯了，听了老太太的话，并不放在心上，依然不想干点什么营生之事以糊口。

淮阴市有个无赖，见韩信整天无所事事，还煞有介事地在腰间挂着一柄剑，便嘲笑韩信，说韩信虽然个头不小，又好带刀带剑，其实很胆小。众人皆以为然，跟着他嘲笑韩信。

那个无赖见韩信仍旧不恼不怒，更是变本加厉，对韩信说："你要是有胆量不怕死，就用剑刺我；若是怕死，就从我的胯下钻过去。"

韩信仔细端详着这个无赖，没吭声。过了一会儿，韩信趴倒在地，乖乖地从无赖的两腿之间钻了过去。

周围的人见状，皆乐得前仰后合，认为韩信不仅胆小无能，还不知羞耻。

这就是一时成为韩信两大污点的"乞食漂母"和"胯下之辱"。

而就因韩信有这两大污点，一直被人瞧不起，差点耽误了韩大将军的功名前程。

韩信最初并不在刘邦的麾下。

秦末天下大乱，陈胜振臂一呼，应者云集。项羽的叔叔项梁也起兵反秦，渡过淮河来到了淮阴。韩信见建立功名的时机已到，遂

仗剑投奔项梁。

但是，直到项梁战死，韩信也没引起项梁的注意，仍是普通一兵。

项梁死后，韩信成了项羽的部下，这一次的状况稍好了点，项羽提拔他做郎中，相当于项羽的警卫员。如果算是个官的话，充其量也只能算是个军队中的基层干部。

好在因为在项羽身边工作，韩信面见项羽比较容易，因此屡次去向项羽献策，也活该项羽命该绝于韩信之手，竟对韩信的屡次献策置之不理。在项羽看来，一个“胯下之夫”算什么东西！你也配来为俺出谋划策？

韩信很失望，一气之下投奔了刘邦。

而刘邦也没把韩信的到来当回事，只是任命他做了个名为连敖的小官，也算是个军队的基层干部。

韩信在任汉连敖期间，因违犯军规差点送了性命。当时犯法当斩的共十四人，韩信是其中之一。行刑时，前面十三人均已被斩首，轮到韩信了，韩信对监斩的夏侯婴叹道：“汉王不是要夺取天下吗？为什么要斩壮士？”

也是韩信命不该绝。这位夏侯婴是刘邦的老乡兼老朋友，对刘邦有大恩。他听了韩信的长叹，“奇其言，壮其貌”，竟将韩信松绑，将韩信从刀口下救下。及与韩信详谈，竟谈得极为投机。

夏侯婴性格直率，敢说敢做。他发现了韩信这个人才，自然去说给刘邦听，刘邦此时犹未引起重视，只是碍于夏侯婴的面子，提拔韩信为治粟都尉。

刘邦的丞相萧何求贤若渴，听说夏侯婴从刀下救下了一个人才，忙去与韩信谈心，一谈，顿觉韩信见解不凡，对天下大事分析得头头是道，遂视韩信为奇才。

萧何与刘邦有同乡之谊，与夏侯婴一样，也是刘邦未发迹时的老朋友。他出于对刘邦帝业的负责，急忙向刘邦举荐韩信。但刘邦仍未引起重视，认为韩信不过是个出身微贱、没有出息的无能之辈。

韩信得知萧相国数次举荐自己，而汉王仍没有重用自己的意思，非常失望，觉得在汉营也没有多大的发展前途，于是开小差跑了。

在韩信逃离汉营之前，群雄逐鹿的局面就已经明朗了，在刘邦、项羽的合力进攻下，秦王朝土崩瓦解，刘邦率先入关，刚做上秦朝皇帝的子婴领着文武大臣们投降。不久，项羽也率军入关，在秦朝都城咸阳大封诸侯，刘邦被封为汉王，封地在巴蜀、汉中一带。项羽则自封为西楚霸王，将家乡彭城定为都城。

当时的巴蜀一带尚未开发好，属于贫穷落后地区。刘邦先攻入秦朝都城，其功最大，却被封到偏远贫困之地，当然不高兴。更令刘邦忍无可忍的是，秦朝降将章邯、司马欣、董翳也被封王，而且封地在巴蜀、汉中的东北一带，对刘邦形成了包围之势，堵塞了刘邦进军中原的道路。

刘邦气归气，却也不敢不服从。因为项羽的部队多达四十万，而刘邦才十万人，根本不是项羽的对手。

刘邦强压怒火，率军西进。他的部下们都觉得太窝囊，极不情愿随刘邦到蜀地。而且，汉军多数都是东部地区的人，不愿远离家乡。所以，在汉军西行过程中，就有不少将领和士兵在路上开了

小差。

韩信就是在这个时候跑的。由于跑的人太多，所以刘邦干脆听之任之，对区区一个韩信，当然更是无所谓了。

忽然有人向刘邦报告，说萧相国也跑了。别人跑了无所谓，刘邦的股肱之臣萧何跑了，这可非同小可。刘邦急了，“如失左右手”。

过了一两天，萧何自己又回来了。刘邦一见萧何，且怒且喜，张口便骂。萧何道：“臣不敢逃跑，臣是去追逃跑的人。”

刘邦不信，萧何解释说，他追的是韩信。

刘邦道：“诸将逃跑的有数十个，你别人不追，为何偏偏去追韩信？一定是在骗我！”

萧何道：“诸将易得，至如韩信，国士无双。大王若只想在汉中称王，用不着韩信；若是想争夺天下，非用韩信不可！就看大王怎么决策了。”

刘邦这才稍稍重视萧何的举荐，他说：“看在相国的面子上，就用韩信为将军吧。”

萧何却不同意，说：“虽用韩信为将，韩信还是要跑。”言下之意是，任命韩信为将军，官太小了。

刘邦一咬牙道：“拜他为大将！”

萧何这一下高兴了，说：“幸甚！”

当时的大将，相当于执掌军权的大元帅。刘邦在萧何的劝说下，敢于将军权交给还是一个无名之辈的韩信，既是韩信的幸事，也是刘邦的幸事！

对刘邦来说，此举可能是他一生中最重要也是最冒险的决定。

而且，在萧何的劝说下，刘邦还为韩信主持了隆重的拜将仪式。

诸将听说汉王要拜大将，都很高兴，以为说不准拜的就是自己。及至韩信登坛，“一军皆惊”。

肯定有许多人窃窃私语：这不是那个懦弱无能的“胯下之夫”吗？他凭什么能做大将？汉王是不是吃错药了？难道我们是在做梦？

诸将不是在做梦，刘邦也没有吃错药。韩信的的确确成了刘邦的大将。

这也应了一句话：“英雄不怕出身低。”

汉王重用韩信，筑坛拜将，韩信得以施展抱负，辅佐刘邦取得天下。然而他哪里知道，兔死狗烹的悲剧会在他身上重演。

在他当上楚王不久，毫无戒备的韩信就被刘邦诱捕，贬为淮阴侯，在长安受到监视。

公元前 197 年，陈豨任代相。不久，他自称代王，联合韩王信（不是淮阴侯韩信）、燕王卢绾举赵代之兵反叛，刘邦亲率大军北上征讨，留吕后和太子以及萧何守卫国都长安。

刘邦走后，吕后突然将相国萧何召来，告诉萧何一个惊人的消息：韩信要造反！

听了吕后的话，萧何也觉事态严重。经过密谋，两人想出了个主意：由萧何去见韩信，诈说叛军已经被刘邦平定，陈豨已死，诸侯与群臣皆入朝祝贺，也请韩信入朝致贺。韩信到时，则立即逮捕之。

萧何去跟韩信一说，韩信果然跟着萧何到了长乐宫。

当初因为萧何的举荐，韩信才得以宏图大展；可以说，萧何对韩信有着知遇之恩，没有萧何，也就没有韩信的今天！见萧何专门来请，韩信没有理由不进宫。

萧何将韩信领到了长乐宫的钟室。钟室是个陈列宫廷乐器的地方，韩信还以为，到钟室里来，是为了听宫廷乐师们演奏乐曲以庆贺平叛胜利。

谁知一进钟室，却不见别的王侯大臣，只有吕后阴沉着脸在此等候。

韩信正纳罕间，只听吕后一声尖利刺耳的大喝，立即从两面蹿出几个武士，将韩信捆绑起来。

未等韩信质问缘由，吕后即下令将韩信就在钟室之内斩首。

韩信想找萧何说明究竟，萧何这时却不知躲到哪里去了。面对武士高高举起的屠刀，韩信仰天长叹：“吾悔不用蒯通之计，乃为儿女子所诈，岂非天哉！”

寒光闪过，鲜血四溅。一代名将，就这么身首异处了。

其实开国功臣最终不得善终，其中有很必然的因素，那就是功盖天下，而天下不能尽封——因为你功劳实在是太大了，大到了无法封赏的地步，不像其他人一碟小菜二两小酒就能轻松搞定，给少了还多少有些不乐意，除非把皇帝的位子让出来让你坐好了——当然这根本行不通。而这个功臣，又往往是勇略震主之人，或许还手握兵权，在朝廷里面还可能颇有好的人缘，这样的人留在皇帝身边迟早是个祸根啊（不过韩信人缘似乎不大好，汉六年传言韩信谋反，朝廷上下居然异口同声“亟发兵阬竖子耳”——活埋了那小子！），所谓“卧榻之侧岂容他人酣睡”的道理。韩信与刘邦的关系，也不过是“以交友言之，则不如张耳之于成安君也；以忠信言之，则不过大夫文种，范蠡之于勾践也”，“今足下戴震主之威，挟不赏之功，归楚，楚人不信；归汉，汉人震恐”，“夫势在人臣之位而有震主之威，名高天下，窃为足下危之。”应该说蒯通的话字字切中要害，直指功臣与人主互为利用，毫无友谊可言的本质关系，可惜韩信当时并未采纳，延及后世，多少“志士仁人”也没有意识到这点，应该说像这类人可悲之处就在于心里面多多少少都会有点侥幸的想法，想象那皇帝至少会念及自己功劳之高以及当日香火之情而网开一面吧。

作为流氓皇帝代表的刘邦，为什么要在刚刚消灭项羽不到一年的时间里就对韩信一步步动手术了呢？以前那种解衣推食的深厚情谊却去了哪里？最根本的原因其实韩信也是知道的，那就是刘邦“畏恶其能”，纯粹是一种嫉妒心理在作怪，而刘邦自我感觉自己又没有像秦始皇那种摄人的压倒性气势可以震住韩信。而朝廷同僚们的嫉妒又在侧面起了辅助的作用，最终使刘邦坚定决心去掉韩信，无论你反与不反，无论证据确凿与否，总是留你不得。所谓“站得高，不能久也，莫仗一时得意，挺身遮住后来人”。再则韩信自己的人格方面也有很大的问题，和平年代认识不清自己的位置，以致“左右争欲击之”；卖友悔过，反倒是借钟离昧的人头，更加授人以柄；继而被贬为侯心理严重失衡，为与周勃灌婴平起平坐而感觉羞耻（羞与绛灌同列），并感叹：“想不到居然和樊哙这样的屠夫混在一起！”（生乃与哙等为伍！）等等，依然“臣多多而益善”，完全

不知明哲保身，韬光养晦，向那萧何让金、张良辟谷学习，锋芒毕露最终成就了“生死一知己，存亡两妇人”的传奇故事。无怪乎金庸先生写下了这样的感叹：子胥功高吴王忌，文种灭吴身首分。可惜了淮阴命，空留下武穆名。

所以说在功盖天下，勇略震主的背景之下无论韩信是否要谋反，刘邦最终都是非收拾他不可的。因为刘邦面临的是一个历朝开国皇帝都未能解决的问题：如何合理安置有功之臣。谋反一事或许只是一个借口而已。至于所谓刘邦平定诸王叛乱，维护了国家的统一与天下的安定一说，则属于史家正统所论了。

岁月悠悠，淮水悠悠，千秋功罪，自有后人评述。唐代大诗人刘禹锡说：“遂令后代登坛者，每一寻思怕立功。”黄庭坚义愤填膺地喊出：“千年事与浮云去，想见萧侯决是非。”欲同萧何打一场隔代官司，为韩信平反昭雪。

灌婴：暂退一步，然后才能成大事

“睢阳丝贩效军中，力战三秦护沛公。淮北击楚俘周兰，斩将杀敌诸侯封。车骑雄狮战垓下，五千铁马截江东。功臣扶主事文帝，余荫后世相汉官。”——诗中那位斩将杀敌、护住沛公的大将正是西汉开国功臣灌婴。

灌婴出身市井商贩，刘邦起兵反秦之初，以内侍中捐官的身份跟随沛公，后因杀敌英勇，护主有功，屡屡升迁，至楚汉之争时，已官至御史大夫。

刘邦称帝以后，灌婴以车骑将军之职随高祖击败反王臧荼的军队。翌年，又随着刘邦率军抵达陈县，降服楚王韩信。班师回朝以后，刘邦剖符为信，使其世世代代不绝，并将颍阴两千五百户赐予灌婴作为食邑，封颍阴侯。

当然，若灌婴只是勇冠三军，那么充其量也不过是个武夫，中国历史上彪勇异常者不乏其人，如吕布、如典韦，虽以武艺称雄，但始终无法让人诚心折服。灌婴则不然，他有勇有谋，出能为将，入能为相，可以说刘氏江山能够安定下来，延续数百年之久，他功不可没。

公元前 180 年，西汉吕太后死去。当时，诸吕专权，想篡夺刘氏江山已很久了。

齐王刘肥看出了诸吕的野心，一待吕后安葬之后，他便召集心腹手下说：“奸人当道，国将危矣，我想起兵讨逆，还望你们为国出力。”

心腹手下没有异议，刘肥立即写信给刘氏诸侯王，控诉诸吕的罪行，并亲自率兵攻打吕氏诸王。

刘肥起兵的消息传到京师，相国吕产十分惊慌，他对吕禄说：“刘肥乃汉室宗亲，他带头闹事，恐怕其他刘氏诸王也不安稳，这件

事该如何应对呢？”

吕禄说：“我们掌握朝政，执掌南军、北军，自不用怕刘肥了。以我之见，我们应该即刻发兵讨伐，消灭刘肥，以绝其他刘氏诸王之念。”

汉朝元老重臣灌婴被委任为讨伐刘肥的主帅，吕产、吕禄还当面对灌婴许诺说：“你德高望重，战无不克，朝廷命你出征，相信你一定会灭掉逆贼。回师之日，朝廷会更加倚重于你，绝不食言。”

有人劝灌婴不要挂帅，说：“刘氏乃高祖之后，他们看不惯诸吕所为，怎能算逆贼呢？你此去无论成败，都将背上助纣为虐之名，应当力辞不就啊。”

灌婴说：“诸吕势大，如果我当面抗命，我死事小，误国事大。他们改派他人，势必有一场大的厮杀，而我却可借机行事，消此巨祸。”

灌婴做出积极备战的样子，诸吕都对他不疑。吕产的一位谋士担心灌婴不忠，于是他向吕产说：“灌婴忠心汉室，为人正直，他这样痛快领命，不是很可疑吗？万一他中途有变，我们就被动了。”吕产不以为然，他傲慢地说：“我们吕家权倾天下，识时务者是不会和我们做对的。灌婴在朝日久，此中利害他自会知道，有何担心呢？”

吕产的谋士说：“灌婴一旦领兵在外，我们就控制不了他了，难保他不会生变。为了安全起见，大人当派心腹之人征讨才是。”

吕产自恃聪明，拒不接受谋士的劝告。

灌婴率兵到达荥阳，传命就地驻扎，不再前行。不知情的将领追问灌婴缘由，灌婴以各种借口搪塞。私底下，灌婴召集心腹说：

“诸吕存心篡汉，我们身为汉家臣子，绝不能听命于他们。我现在将大军引领在外，就是威慑诸吕，诸吕都是色厉内荏的小人之辈，有我们在，我想他们是不敢妄动的。”

灌婴驻扎荥阳不动，诸吕果然慌乱起来，吕禄催促吕产谋变，吕产却说：“灌婴大军在外，已是我们的敌人了，他这个人善于打仗，我们不是他的对手啊！现在形势大变，于我不利，还是从长计议的好。”

诸吕有了顾忌，灌婴趁机加紧联络刘氏诸王，准备合力讨伐诸吕。他在给刘氏诸王的信中说：“诸吕不怕天谴，却怕眼前的祸患，对他们只有合力同心加以讨伐，才是救朝廷的唯一途径。他们并不可怕，可怕的是我们对他们抱有幻想，心怀观望。”

刘氏诸王深受触动，暗中响应。与此同时，京师的太尉周勃和丞相陈平也联起手来，在未央宫捕杀了吕产，继而将吕氏家族一网打尽，安定了汉室江山。

当局势不利之时，奋起强攻绝非良策，莫不如施展变通之术，做出策略性的让步，即一方面原则仍要坚持，目标仍不放弃，但绝不硬碰硬而徒惹祸患，而是暂退一步，在退的假象下寻找合适的时机。这正是灌婴的过人之处。

周亚夫：一代名将，最后竟活活饿死

周亚夫是西汉开国功臣周勃的儿子。汉文帝后元二年，袭父爵为绛侯。起初做河内郡守时，相传许负曾给他看相，说他三年后为侯，封侯八年为丞相，掌握国家大权，位尊任重，在众臣中将首屈一指，再过九年会饿死。周亚夫笑着说："我的哥哥已代父为侯，如若他去世，他的儿子理应承袭爵位，我周亚夫怎说得上封侯呢？再说若我已显贵到如你所说的那样，怎么说会饿死呢？你来解释解释！"许负指着他的嘴说："你嘴边有条竖线，纹理入口，这就是饿死之相。"过了三年，周亚夫的哥哥绛侯周胜之犯了罪，文帝选周勃子孙中有贤德的人为侯，大家都推举周亚夫，于是封周亚夫为条侯，继承绛侯爵位。

公元前158年，即汉文帝二十二年，匈奴进犯北部边境，文帝急忙调边将镇守防御。为了警卫京师，文帝派三路军队到长安附近抵御守卫。宗正刘礼驻守在灞上，祝兹侯徐厉驻守在棘门，河内郡守周亚夫则守卫细柳。文帝去犒劳慰问。他先到灞上，再到棘门，这两处都不用通报，见到皇帝的车马来了，军营都主动放行。而且两地的主将直到文帝到了才知道消息，迎接时慌慌张张。送文帝走时也是亲率全军送到营寨门口。

文帝到了周亚夫的营寨，和先去的两处截然不同。前边开道的被拦在营寨之外，在告知天子要来慰问后，军门的守卫都尉却说："将军有令，军中只听将军命令，不听天子诏令。"等文帝到了，派使者拿自己的符节进去通报，周亚夫这才命令打开寨门迎接。守营的士兵还严肃地告诉文帝的随从："将军有令，军营之中不许车马急驰。"车夫只好控制着缰绳，不让马走得太快。到了军中大帐前，周亚夫一身戎装，出来迎接，手持兵器向文帝行拱手礼："介胄之士不拜，请陛下允许臣下以军中之礼拜见。"文帝听了，非常感动，欠身扶着车前的横木向将士们行军礼。

劳军完毕，出了营门，文帝感慨地对惊讶的群臣说："这才是真将军啊！那些灞上和棘门的军队，简直是儿戏一般。如果敌人来偷袭，恐怕他们的将军也要被俘虏了。可周亚夫怎么可能有机会被敌人偷袭呢？"好长时间里，文帝对周亚夫都赞叹不已

一个月后，匈奴兵退去。文帝命三路军队撤兵，然后升周亚夫为中尉，掌管京城的兵权，负责京师的警卫。

后来，文帝病重弥留之际，嘱咐太子刘启也就是后来的景帝说："以后关键时刻可以用周亚夫，他是可以放心使用的将军。"文帝去世后，景帝让周亚夫做了骠骑将军。

公元前154年，即汉景帝三年，吴王刘濞联合楚王刘戊、胶东王刘印等七国发动叛乱，打出"诛晁错、清君侧"的旗号。景帝于是升周亚夫为太尉，领兵平叛。这时的叛军正在猛攻梁国，但周亚

夫并不想直接救援，他向景帝提出了自己的战略计划：“楚军素来剽悍，战斗力很强，如果正面决战，难以取胜。我打算先暂时放弃梁国，从背后断其粮道，然后伺机再击溃叛军。”景帝同意了周亚夫的计划。

于是，周亚夫绕道进军。到了灞上时，遇到一位名叫赵涉的士人，赵涉建议周亚夫再往右绕道进军，以免半路受到叛军的袭击。周亚夫听从了赵涉的建议，走蓝田、出武关，迅速到达了雒阳，搜索之后果然抓获了伏兵。

此时的梁国被叛军轮番急攻，梁王向周亚夫求援。周亚夫却派军队向东到达昌邑城（在今山东巨野西南），坚守不出。梁王再次派人求援，周亚夫还是不发救兵。最后梁王写信给景帝，景帝又下诏要周亚夫进兵增援，周亚夫还是不为所动。但他却暗中派军截断了叛军的粮道，还派兵劫去叛军的粮食。叛军只好先来攻打周亚夫，但几次挑战，周亚夫都不出战。时间一长，周亚夫军中都有些军心不稳了。

一天晚上，营中突然发生混乱，嘈杂声连周亚夫的大帐里都能听见，但周亚夫始终躺在床上不动。一会儿，混乱自然就平息了。几天后，叛军大举进攻军营的东南，声势浩大，但周亚夫却让部下到军营的西北去防御。结果在西北遇到叛军主力的进攻，由于有了准备，所以很快击退了叛军。

叛军因为缺粮，最后只好退却，周亚夫趁机派精兵追击，取得胜利。叛军头领刘濞的人头也被越国人割下送来。这次叛乱经三个月就很快平定了，战争结束后，大家这才纷纷称赞周亚夫的用兵之道。但梁王却因为周亚夫没有及时救援，和他结下了仇。

在公元前152年，丞相陶青有病退职，景帝任命周亚夫为丞相。开始景帝对他非常器重，但由于周亚夫的耿直，不会讲政治策略，逐渐被景帝疏远，最后落个悲剧的结局。

有一次，景帝要废掉栗太子刘荣，刘荣是栗姬所生，所以叫栗太子。但周亚夫却反对，结果导致景帝对他开始疏远。还有和他有仇的梁王，每次到京城来，都在太后面前说周亚夫的坏话，对他也很不利。

后来，有两件事导致了周亚夫的悲剧。一件是皇后的兄长封侯；一件是匈奴将军封侯的事。窦太后想让景帝封皇后的哥哥王信为侯，但景帝不愿意，说窦太后的侄子在父亲文帝在世的时候也没有封侯。窦太后说她的哥哥在世时没有封侯，虽然侄子后来封了侯，但总觉得对不起哥哥，所以劝景帝封王信为侯，景帝只好推托说要和大臣商量。

景帝和周亚夫商量时，周亚夫说高祖说过，非刘姓不能封王，没有军功的不能封侯，如果封王信为侯，就是违背了先祖的誓约。景帝听了无话可说。

在后来匈奴将军唯许卢等五人归顺汉朝，景帝非常高兴，想封他们为侯，以鼓励其他人也归顺汉朝，但周亚夫又反对说："如果把这些背叛国家的人封侯，那以后我们如何处罚那些不守节的大臣呢？"景帝听了很不高兴地说："丞相的话迂腐不可用！"然后将那五人都封了侯。周亚夫失落地托病辞职。景帝批准了他的要求。

此后，景帝又把他召进宫中设宴招待，想试探他脾气是不是改

了，所以他的面前不给放筷子。周亚夫不高兴地向管事的要筷子，景帝笑着对他说："莫非这还不能让你满意吗？"周亚夫羞愤不已，不情愿地向景帝跪下谢罪。景帝刚说了个"起"，他就马上站了起来，不等景帝再说话，就自己走了。景帝叹息着说："这种人怎么能辅佐少主呢？"

这事刚过去，周亚夫又因事惹祸，这次是由于他的儿子。儿子见他年老了，就偷偷买了五百副甲盾，准备在他去世后发丧时用，这甲盾是国家禁止个人买卖的。周亚夫的儿子给佣工期限少，还不想早点给钱，结果，心有怨气的佣工就告发他私自买国家禁止的用品，要谋反。景帝派人追查此事。

负责调查的人叫来周亚夫，询问原因。周亚夫不知道儿子做了什么，对来人问的问题不知如何回答，负责的人以为他在赌气，便向景帝报告了。景帝很生气，将周亚夫交给最高司法官廷尉审理。

廷尉问周亚夫："君侯为什么要谋反啊？"

周亚夫答道："儿子买的都是丧葬品，怎么说是谋反呢？"

廷尉讽刺道："你就是不在地上谋反，恐怕也要到地下谋反吧！"

周亚夫受此屈辱，无法忍受，开始差官召他入朝时就要自杀，被夫人阻拦，这次又受羞辱，更是难以忍受，于是绝食抗议，五天后，吐血身亡。司马迁在《史记》中对他称赞的同时，也为他惋惜，说他因为过于耿直，对皇帝不尊重，结果导致悲剧结局，令人感慨！

最后他的结局果真是饿死的，但是否有许负相面之说还有待考证。

纵观周亚夫的一生，干了两件辉煌的大事：一是驻军细柳，严于治军，为保卫国都长安免遭匈奴铁骑的践踏而作出了贡献；二是指挥平定七国之乱，粉碎了诸侯王企图分裂和割据的阴谋，维护了统一安定的政治局面。可以说没有七国之乱的平定，就不会有诸侯王国割据势力威胁中央政权问题的最终解决，同样也就难以出现汉武帝时的强盛局面。显然周亚夫为巩固西汉王朝的统治立下了汗马功劳。仅从上述二事来看，称周亚夫为汉代杰出的军事家，似乎并不过分。

但就是这样一位功臣，最后却落了一个凄惨的下场。造成这一悲剧的原因，应该与周亚夫耿直的性格有关。在封建时代，一个人要想在官场中站稳脚跟并有所发展，就必须时刻与上级长官保持一致，对有权有势者只能顺从，对皇帝的诏令只能无条件地去执行。周亚夫不知是对此不了解，还是知晓但不愿那样做。无论为将、为相，均把是否符合国家利益作为行动的最高准则。这就不可避免地要触犯某些人的利益，因为国家利益与个人利益并不总是一致的。前有冒犯文帝之举，后有得罪梁王、窦太后、景帝之事（即把皇帝和皇帝之母、妻、弟、大舅子均得罪了）。所幸的是文帝乃胸怀大度之人，能广泛地求谏选贤，不拘一格地选拔人才。因而对周亚夫要自己按军令行事的举动，非但没有怪罪，反而加以赞扬，予以提拔。不幸的是景帝与其父相比，相差甚远，为人较为心胸狭隘，有怨必报，听不得不同意见。早在为皇太子时，一次与吴王太子下棋，为争棋道用棋盘将对方打死。“吴王由是怨望，稍失藩臣礼，称疾不

朝。”这成为其后来发动叛乱的导因之一。再如刘启曾与梁王刘武同乘一辆车入朝，到了宫殿的司马门却不下车，被担任公车令的张释之拦住，并以他俩不下司马门为不敬罪奏请皇帝依法予以处理。刘启对此怀恨在心，在即位后不久便把张释之降职。在这样一个专横君主的统治下，周亚夫的命运可想而知。

卫青：居功不傲，生前死后荣辱始终

西汉武帝时期，卫青征讨匈奴的一系列战斗所取得的辉煌战果，显示出了他杰出的军事天才和吃苦耐劳、勇敢无畏的品质；应该说，在开始时汉军并不占优势的情况下，之所以能取得这一系列胜利，与卫青的个人品质和本领以及他的正确决策是密不可分的。卫青的鞍马劳顿，为汉室江山的稳定立下了汗马功劳。由于卫青的胜利，汉朝重新控制了河南、河西等地，并在河南地设置朔方郡，使首都长安有了一定的保障。尤其是经过漠北一战，匈奴实力大伤，从此之后，“匈奴远遁，漠南无王庭”，使汉朝解除了被匈奴威胁了近一个世纪的状况。

卫青能够在二十几年的时间内，由一个奴仆当上了大司马大将军，固然同他的国舅身份有关，但更主要的还是凭借了他个人的人品、才干和功业。

而在功成名就、位高权重之后，卫青既没有擅权乱政、胡作非为，也没有被谗被毁、身家难保，这在很大程度上与他的个人品质和为官做人智慧有关。其实早在他的征战之中，卫青就表现出了非同一般的韬晦之谋。

卫青带兵打仗，不但自身当敌勇敢，身先士卒，冲锋在前，而且号令严明，赏罚公平，治军有方。在公元前124年，卫青出高阙击匈奴有功，汉武帝格外施恩，封其三子为侯。卫青坚辞不受，并说："我待罪军中，全靠皇上神灵，战争取得了胜利，这都是诸将校的功劳。"由于卫青的奏请，随同他出征的十一名将校，才得以封侯赐爵。这里面既有他的姐夫公孙贺、挚友公孙敖，也有李蔡（李广的叔伯兄弟）、李沮、李息、李朔、赵不虞、韩说、豆如意、权孙戎奴等一般僚属。

田仁是卫青的一个侍从，很有胆识，多次跟随卫青出征，立有军功。对于这样一个奴仆，卫青也是有功必赏。他上报朝廷，汉武帝便任命田仁为郎中。

卫青不但不掩他人之功，而且为将清廉不贪。有时候，皇太后赏赐给他的金钱，他也量才均分给部下将吏。

卫青虽然功高一世，位极人臣，却始终忠于朝廷，恪守军人的本分。史称他"以和柔自媚于上"。当然，卫青的自处卑顺，不敢专权，一切以皇帝的意志为转移，是有其历史原因的。比如在汉初，一些裂土受封的侯王，功高震主的将领，大多数招贤养士，培植个

人势力，结果都没有好下场。这些人都是卫青的前车之鉴。因此，当苏建劝他效法古时名将，结交宾客，招徕士人，以扩大自己的声望和势力时，卫青马上说：“亲待士大夫，选举贤人，罢黜不肖，这些都是皇上的权柄，做臣下的只要奉法遵职就行了，为什么要参与养士呢？”

卫青之所以如此行事，还因为他也有过教训。当年，主父偃初到长安时，曾投在卫青的门下。卫青多次向汉武帝荐举主父偃，皇上根本不予理睬。后来，还是主父偃毛遂自荐，早上投书，傍晚即被召见。主父偃建议汉武帝把豪强富户迁到茂陵，以便朝廷集中控制时，卫青为关东大侠郭解讲情，说郭解家贫，不应在迁徙之列。汉武帝却不软不硬地反驳说：“郭解这个贫民，居然有力量让大将军为他求情，这说明他家并不贫。”郭解终究还是被迁到了茂陵。这使得卫青不能不对自己的政治之途倍加谨慎。

卫青不但在政治上忠于朝廷，就是在一些生活私事上，也完全听命于汉武帝，尽量顺应皇帝的心意。

卫青被拜为大将军以后，平阳公主的丈夫曹寿得了恶疾，回到自己的封国。平阳公主只好独居。她同身边的人商量，长安中的列侯，谁可以做她的丈夫。左右的人都说大将军卫青最合适。公主笑着说：“他当年是我的骑奴，常常侍候我出出进进的，你们为什么偏偏说他合适呢？”众人赶忙解释说：“公主，话可不能这么说。现在大将军的姐姐是皇后，他的三个儿子又都封了侯，富贵甲于天下，您不能再小看他了。”于是，公主同意了，并通过卫皇后示意皇上，汉武帝亲自发话，卫青便由当年的骑奴变成了主人的丈夫。

公元前123年，卫青出兵归来，汉武帝赏赐给他千金。出得宫门，一个素不相识的人，拦住他的车驾，说是有事禀告。卫青便停下车来，这个人走到车旁，对卫青说："现在王夫人正得皇上宠爱，但她的母家很贫穷。如果您能拿出赏赐的一半，送给王夫人的母家，皇上一定会高兴的。"卫青欣然同意了，派人把五百金送到王夫人母家。汉武帝得知后，极为欢心。

汉武帝时第一大将卫青，其一生可谓颇具传奇色彩。他从一个寄人篱下饱受欺凌的侯府女仆私生子，成长为抗击匈奴开疆拓土功标青史的大将军；从公主的马夫到公主的驸马，一时权倾朝野，位极人臣。然而，纵使这般，卫青依然能够保持恭谦的本色，不居功自傲，以其小心谨慎的处世风格谋得善终，着实让人敬佩之至。

卫青虽然声势赫赫，权倾朝野，为人却谦恭退让，礼贤下士。史书上记载，"青仁，喜士退让"。这使得他在仕途上终身无虞，死后得以陪葬在茂陵之旁。

邓禹：远避名位，富贵反而更长远

邓禹投奔刘秀时，正是刘秀开创自己事业的开始。面对其他兵强马壮的群雄，刘秀几乎什么也没有。邓禹冷静地给刘秀分析了形

势，从长远考虑提出了发展自己势力、延揽人才、争取民心的政治主张。这些都成为以后刘秀夺取天下的根本策略。

邓禹是南阳郡新野人，在长安从师学习时认识刘秀。两人都有才学见识，脾气相投，成为契友。

王莽篡汉建立新朝以后，社会矛盾日趋尖锐。王莽的“托古改制”违反了经济规律，给社会经济造成极大混乱，“农商失业，食货俱废”，加上连年灾荒，百姓纷纷揭竿而起。新莽天凤四年（公元17年），在距刘秀家乡不远的绿林山（今湖北随州大洪山）就爆发了王匡、王凤领导的饥民起义，号称“绿林军”。次年，在今山东境内则爆发了樊崇等领导的“赤眉军”起义。天下大乱，仕途无望，刘秀、邓禹等人便自长安返归故里——南阳郡。

当各地义兵纷起，有才干的人都乘机一试身手，施展抱负时，蛰伏家乡的奇士邓禹却没有贸然行动。这时，他年方20岁，心中暗思：大丈夫相时而动，如果所托非人，满腹的才华谋略就会付诸东流、无从施展。刘玄称帝后，绿林军势力发展很快，邓禹的家乡新野也为其所占据。许多了解邓禹学识的人都劝他加入绿林军，一展宏图。但邓禹认为刘玄乃平庸之辈，绿林军诸将胸无大志，散漫放纵，像一群乌合之众。他认为，这样的帝王和将士无法承担平定天下的大任。昆阳之战，刘秀初露锋芒，邓禹得知后，觉得自己没有看错人，但他仍没有投奔这位契友，因为刘秀尚在刘玄手下，受制于人，也难有一番作为。直到听说刘秀任破虏将军兼行大司马事去了河北，邓禹觉得施展抱负的机会到了，这才急速赶来与刘秀相会。

刘秀面对多年未见的朋友，对他的突然光临难免心存疑惑，便激他说：“我现在有专封专任之权，你远道而来，难道是想做官吗？”邓禹摇摇头，微笑地说：“否。”刘秀很奇怪，于是又问道：“你既不想为官，那么风尘仆仆到我这支孤军里来，难道只为了叙旧？”邓禹面色庄重地回答：“我来这里，只希望你的威信恩德能够遍于四海，我可以尽我微薄之力，使你的功名载于史册。”刘秀颓丧地说：“当初起兵，尚想有一番作为，如今我效命于更始皇帝，势力微弱，会成什么气候？”胸有成竹的邓禹见刘秀有些气馁，沉默片刻，便带着笑容为他打气，冷静地给他分析形势，希望他撇开刘玄的旗号，独立发展自己的势力。他向刘秀陈以利害，说：“刘玄虽然在洛阳定都，并攻下了长安，但现今广大东部地区尚未平定。各路群雄，占城据地，刘玄内部不稳，他是庸才一个，根本控制不了大局。其部下只知道掠夺钱财，寻欢作乐，刘玄身边没有一个是深谋远虑、忠良明智之人，更谈不上安定四方。你如今不如乘势而起，如果老是在刘玄的辖制下，辅佐这样一个无能皇帝，会有什么作为呢？”

接着，邓禹向刘秀陈述方略：“中兴大业，不是一般人所能胜任的。你是非凡之人，要成就大业，不如现在就做打算，广泛延揽英雄，尽力取悦民心，建立像汉高祖那样的功业，拯救万民于水火。你的德才，足以谋取天下。”

刘秀听了邓禹的建议，恍然醒悟，连连称是。他感到有深谋远虑的邓禹辅助他，是天佑于己。随即，他命左右称邓禹为“将军”，把他当作军师看待，常留他同宿，商讨军情，制定谋略。从此，刘秀决心参与群雄逐鹿，争夺天下，并把“延揽英雄，务悦民心”作为他夺取天下的根本策略。

在以后的征战中，邓禹作为统帅为东汉政权的建立立下了汗马

功劳，应该说，邓禹成为最有资格在新政权里享受这些功劳的人。

东汉政权一统天下后，邓禹作为一名从一开始就扶佐刘秀的重臣，位高权重。他从前朝汉高祖杀戮功臣中吸取教训，深知“功高震主者危”的道理，没有使自己沉浸在开国元勋第一功臣的盛名中，而是居安思危，退避名位，收敛锋芒，将自己的政治天赋和日臻成熟的政治经验与自己一起隐藏。在东汉初年的政治舞台上不做任何建树，以避免刘秀的猜忌。同时，他还教养子孙，整饬家规，恬然自守。这种明智的姿态使上无猜忌，同僚不嫉妒，小人无可乘之隙。不仅明哲保身，而且惠及子孙后代，可谓智者。成为后人效仿的榜样。

建武十三年（公元 37 年），自王莽后期就纷乱的天下终于沉寂了下来。为了表彰那些南征北战、佐定江山的功勋之臣，刘秀大加封赏，增其食邑。邓禹以佐命元勋改封高密侯，食邑四县。

但刘秀为了堵塞少数位尊权重的大臣把持朝政的前朝弊端，加强皇帝个人的权力，对功臣实行以列侯奉朝请的政策，即让他们享受优厚的待遇，而不参予政治。当时功臣能够参议国家大事的仅邓禹等三人。这说明刘秀对邓禹的钟爱和对其才干学识的看重。但邓禹并不以位极人臣、功成名就自喜，从不居功自傲。邓禹深知刘秀不愿让这些功臣拥众京师，高居官位，威胁他的皇权，便主动辞去右将军职位。尽管刘秀令他参予朝政，还常召他入宫中参议国家大事，但邓禹尽量少言多听，收敛锋芒，自我谦抑。他退避名位，在府中悉心读儒学经书，借以自娱。其时，邓禹正当壮年，在政治生涯中却这样过早萎谢了，以致在东汉初年的政治舞台上没有任何建树，这与他的政治天赋和日臻成熟的政治经验形成强烈的反差。

邓禹生活远避奢华，从不倚仗权势搜刮钱财。他在家中的一切用度都取之于封地，从不经营财利和田地以聚敛财富。

在君王和同僚面前，邓禹从不提往年的功劳，保持谦虚的态度。一次朝宴，刘秀大会功臣，问他们："你们如果没有遇到我，爵位会不会像今天这样高？"邓禹回答说："我在少年时代曾读诗书，可以当州郡的文学博士。"刘秀笑笑对其他人说："邓禹未免太谦虚了。"正因为邓禹的谦逊态度和仁厚淳朴，或者说明哲保身，他赢得了刘秀的信赖和敬重。中元元年（公元 56 年），刘秀打破不让功臣担任宰相的惯例，以邓禹出任代理大司徒之职。

邓禹不仅自己远避名位，深居简出，还悉心教养子孙，整饬家规，不让他们以功臣之子孙自居，躺在前辈的功劳簿上坐享其成。邓禹有子女 13 人，他都让他们每人学一门安身立命的本领，并教育子孙后代，男儿必须读书，女子则操持家事，邓禹的这些做法被后世的士大夫认为是可以效仿的榜样。邓禹的后代在东汉累世贵宠，家族中共出了侯 29 人，公 2 人，大将军 13 人，中二千石者 14 人，列校 22 人，州牧、郡守 48 人，其余像侍中、将、大夫、郎等官职者不计其数。这恐怕与邓禹的教育不无关系。这似乎给后人这样一个启示：对富贵能谨守者，富贵反而更长远。

中元二年（公元 57 年），刘秀死，其子刘庄立。因邓禹是东汉开国元勋，遂被刘庄封为太傅，位居郡国上公，备受尊重。其他大臣都面北朝见天子，而刘庄对邓禹尊如宾客，让他面东站立，不需行君臣大礼。永平元年（公元 58 年）五月，57 岁的邓禹病逝，谥为"元侯"。

吕布：忘恩负义，空有一身好武艺

如果把“色”当作是世间一切美好的东西，那么好色者男女皆有之，好色甚至可以当作是一种审美，这样说好色也是高雅活动，有什么可以苛责的呢？自然，女色也是“色”的一部分，看美女，如同我们看花、看鸟一样，没什么特别，但是为什么从古至今会有很多人栽在女色上呢？那是因为女色常常暗藏着杀机和阴谋。

汉末诸侯乱战时的吕布英勇善战，被誉为“战神”，可就是这样一位威名赫赫的将军却因为好色被人玩弄于股掌之间，因之，吕布和董卓的父子之情瓦解，不可一世的董卓身首异处，历史的轨迹便这样悄然发生了变化。

董卓专横跋扈，欺凌皇帝，心怀篡逆之心。司徒王允表面对董卓毕恭毕敬，心里实则恨之入骨，他一心想除掉董卓，一天，王允心生一计，便把貂蝉请到画阁中，向她流泪跪拜说：“奸臣董卓，阴谋篡位，眼看汉家天下危在旦夕，朝中文武，个个束手无策。董卓有一义子，姓吕，名布，骁勇善战。但董、吕二人都是好色之徒。我打算用连环计：先将你许嫁吕布，然后再将你献给董卓，你便从中找机会离间他二人，使之反目成仇，这样就可为国家除掉大患。

不知你同意否？”貂蝉当即表示答应。

次日，王允便请良匠打造了一顶珍珠璀璨的金冠，使人密送吕布。吕布受之大喜，即亲自到王允府中致谢。酒至半酣，王允叫貂蝉盛妆而出，与吕布相见。吕布一见貂蝉，便被貂蝉的美貌所吸引，春心荡漾，频频向貂蝉暗送秋波。王允见吕布中计，便指着貂蝉对吕布说：“我想将小女送给将军，日夜侍奉将军，不知将军意下如何？”吕布喜出望外，拜谢而回，只盼王允早送貂蝉来。

几天后，王允又悄悄请董卓到家中赴宴。宴席上，王允唤貂蝉出来以歌舞助兴。不出所料，董卓很快就为貂蝉曼妙的舞姿和妩媚的容颜所倾倒，赞赏不已。王允心知董卓中计，借机说：“这是我家歌伎貂蝉。我想将她献给太师，不知太师肯收留否？”董卓大喜，再三称谢。宴会后，王允即把貂蝉送到董卓府上。

吕布得知此事后便到王允府上来打探，王允骗吕布说：“太师已经带貂蝉回去与你完婚，将军难道不知道吗？”

第二天一大早，吕布到相府打探消息。董卓侍妾告诉吕布：“昨夜太师与新人共眠，至今未起。”吕布闻言怒不可遏，却又不敢发作。一日，董卓入朝议事，吕布执戟相随。吕布趁董卓与献帝交谈的机会，策马径直到相府来见貂蝉，貂蝉请吕布至凤仪亭相见。见到吕布后，貂蝉故意掩泪对吕布说：“自打我第一次见到将军，就暗暗以身相许。谁想太师心怀叵测，强行将我占有。我本欲自尽以谢将军垂爱之恩，却又因未与将军见最后一面，故忍辱偷生。今日既已与您相见，我当死于君前，以明我志！”说罢，即手攀曲栏，往荷花池便跳。吕布慌忙抱住貂蝉。

董卓正在和献帝交谈，忽然回头不见了吕布，心中怀疑，忙辞

了献帝，匆忙回府。进入后园后，见吕布正与貂蝉在凤仪亭下共话。画戟搁在一边。董卓勃然大怒，大喝一声。吕布见状，拔腿便跑，董卓抢过画戟，挺着赶来。但因身体太胖跑不动，便掷戟刺吕布，没有掷中，吕布夺门而逃。

董卓回后堂问貂蝉说：“你为何与吕布私通？”貂蝉流泪说：“我在后园看花，吕布突然而至，对我动手动脚，我不堪其辱，欲投池自尽，却被这厮抱住。正在这时，幸好太师及时赶来，不然……”董卓说：“我想将你赐给吕布，怎样？”貂蝉闻言大惊，哭道：“我宁死不从！”边说边抽下壁上的宝剑就要自杀。董卓连忙止住。

董卓即日带貂蝉还坞，百官拜送。望着车队远去，吕布不住叹息。王允装作惊讶地问道：“这么长时间，难道太师还没将小女送给将军？”吕布咬牙切齿道：“已被老贼占为已有了！”王允佯装不信，吕布便将前事一一说给王允听。王允听罢，故意说道：“想不到太师竟做出此等禽兽之行！”因请吕布到家中商议。商议间，王允又激吕布说：“太师淫我之女，夺将军之妻，实在为天下人耻笑。然而我年迈无力，又能怎么办呢；可是将军您，英雄盖世，闻名天下，亦受此污辱，唉！”吕布听罢，拍案大叫：“誓杀董贼，以雪我耻！”王允见时机成熟，便说：“将军若杀掉董卓，便是为汉室除害，定会流芳百世；若助董卓，便是反臣，当遗臭万年。”吕布闻言更加坚定了杀董卓之心。

一日，董卓接到圣旨说要他入朝议事，董卓不疑，接诏后就入朝，刚入宫内，吕布率伏兵一拥而上，将董卓刺死于殿门之前。原来宣董卓入朝，埋伏兵杀之正是王允和吕布等人的计策。随后，王允和吕布又诛杀了董卓的党羽，并灭了董卓三族。

美人计在历史上屡见不鲜，为什么很多人都会栽在这上面，主要原因还是他们经不起美色的诱惑，而这正是他们致命的缺陷。

今天，美人计还在上演，很多地位显赫、官运亨通的人一朝沦为阶下囚，很多都是被美人拉下水的，而使用美人计也成了很多别有用心的人拉拢腐蚀官员和干部、谋取私利的主要手段。

“色不迷人人自迷”，这话说来虽然有点唯心主义色彩，但是它强调了在美色面前内因的决定作用。试想，如果一个人自己洁身自好，不去拈花惹草，再美的尤物也是诱惑不了的。佛家有云：“色即是空。”即一切色相都是幻影。这种大彻大悟的境界，恐怕只有受过美人连累而身败名裂的人才能真正明白其中的深意吧。

吕布为了一个女人而吃醋，大动干戈，忽视了美色背后隐藏的阴谋，最终还是被人利用了，杀了董卓虽然赢得了“除恶”的美名，但是“忘恩负义”的名声怕也是抹不掉的。后来刘备的“见死不救”证实了这点。当吕布兵败被捆到曹操面前，吕布求饶说：“曹公得到我，由我率领骑兵，曹公率领步兵，可以统一天下了。”曹操颇为心动，但刘备在一旁说：“明公（曹操）您看见吕布是如何侍奉丁建阳（丁原字建阳）董太师（董卓）的吗！”于是，曹操缢死了吕布。

好色本来就是容易被人利用的弱点，为了美色而妄动干戈更是得不偿失，历史告诉我们“一怒为红颜”是莽夫的行为，是愚夫的行径。

关羽：傲气太盛的人，没有不败的

在东汉末年，诸侯乱战的诸英豪中，论文当推诸葛亮，论武则非关羽莫属。关云长勇冠三军，义气盖世。自桃园结义后，温酒斩华雄、战吕布、诛颜良杀文丑、千里走单骑护嫂寻兄、过五关斩六将、水淹七军、单刀赴会，神医华佗在为其刮骨疗毒时亦忍不住赞叹道："君侯真乃神人也！"

然而，即便是这样一个生前死后均被视为神人，这样一个智勇双全、忠义刚直、名满天下的盖世英豪，却也有着他致命的弱点——目中无人，刚愎自用，傲慢轻敌，而正是这平时不经意间养成的缺陷，最终使他命丧东吴陆逊之手，使其义兄刘备千辛万苦开创的基业遭到了致命一击。

当时东吴孙权为夺回荆州，思之久矣。而镇守荆州的正是关羽，东吴镇守陆口的守将吕蒙劝孙权夺回荆州，并主动请命。但当吕蒙回到驻地陆口时，因得知沿江上下均设有烽火台，荆州军马也都有所准备了，他一时无计可施，只好托病不出，并使人回报孙权。

孙权派谋士陆逊前往陆口，陆逊见到吕蒙后就为他出谋划策，他说："关羽向来以英雄自诩，认为天下无敌，现在在这里他只顾虑你一个人而已。你不如乘此机会，装病辞职，把镇守陆口的责任交给别人。让接任的人假装卑躬屈膝，不断赞美关羽，让他骄傲起来，这样他一定以为此处没什么可担忧的，便会撤兵去樊城。等到荆州守军都撤走了，只要派一旅之师奇袭，就一定可以把荆州夺回来了。”

吕蒙听后大喜，依计而行，权衡之下便把这个任务交给了陆逊。

陆逊接任后，立刻命人备了厚礼去见关羽，并且捎去一封写得极其谦卑的信，他在信中写道：“前不久您巧袭魏军，只用了极小的代价，便获得了很大的胜利，立下了赫赫战功，这是多么了不起的事！魏军大败，对我们盟国也是十分有利的。我刚来这里任职，没有经验，学识也浅薄，一直很敬仰您，故恳请指教。”又吹捧关羽说：“以前晋文公在城濮之战中所立的战功、韩信在灭赵中所用的计策，也无法与将军您相比。”

这些吹捧使关羽信以为真、大意自满，对吴国放心了，认为荆州没什么危险了，于是撤走了大半的守军去樊城听调。而陆逊暗中加紧准备，条件具备后，大军到达，便立刻攻下了蜀军要地南郡，擒杀了关羽。

关羽英雄一世，最终却败在了自己的傲慢之上，着实令人叹息。

其实，关羽的骄傲已非一朝一夕。当年他温酒斩华雄、虎牢战吕布、诛河北名将颜良文丑、过五关斩六将、水淹七军之后，已然目中无人起来。

他问马超。马超来投，关羽得知马超勇武，便欲前往比试，亏得诸葛亮刻意奉承：“孟起兼资文武，雄烈过人，一世之杰，黥、彭之徒，当与翼德并驱争先，犹未及美髯公之绝伦逸群也。”于是，关

羽大为高兴——“省书大悦，以示宾客”。此时，关羽的自负已洋溢于表。

他傲黄忠。刘备自领汉中王之后，册封五虎上将，关羽对与黄忠同列大为不悦，说道：“黄忠何等人，敢与吾同列？大丈夫终不与老卒为伍！”遂不肯受印。在他眼中，勇猛如廉颇的黄忠竟然只是一名老卒，其傲慢之情不言而喻。

他拒孙权。孙权想让自己的儿子迎娶关羽的女儿为妻，关羽大喝一声：“吾虎女安肯嫁犬子乎！”堂堂江东英雄之首，竟被其视为“犬”，关羽未免太过目中无人。此言激怒了孙权，算是彻底为自己埋下了祸根。

于是，关羽志得意满之下，被“乳臭未干的穷酸书生”陆逊用计破城，最后失手被擒，命绝于江东。

所谓“人不可有傲气，但不可无傲骨”。人有傲骨便是铮铮铁汉，可是人有骄横之气却是愚蠢之人。

《王阳明全集》中说道：“今人病痛，大抵只是傲。千罪百恶，皆从傲上来。傲则自高自是，不肯屈下人。故为子而傲必不能孝，为弟而傲必不能悌，为臣而傲必不能忠。”骄傲的确是做人处世的大忌，为人若不能忍住骄傲之情，则终有一天会为自己招来祸端。

第四卷　名臣篇

潮涌惊风才满堂，时破云霄齐飞扬

每一位成功的帝王背后必有一个大智大勇的名臣辅佐。中华民族自古以来，就有埋头苦干的人，就有拼命硬干的人，就有为民请命的人，就有舍身求法的人——他们是中国的脊梁。两汉的历史上，各类名臣可谓灿若星辰，他们的修身，他们的谋略，他们的得失，他们的才智、胸怀、风骨，时至今日仍然被世人津津乐道。

萧何：毁自己名声，让皇帝心宽

萧何计诛韩信后，刘邦对他更加恩宠，除对萧何加封外，还派了一名都尉率五百名兵士作相国的护卫，真是封邑晋爵，圣眷日隆。众宾客纷纷道贺，喜气盈庭。萧何也非常高兴。这天，萧何在府中摆酒席庆贺，喜气洋洋。突然有一个名叫召平的门客，却身着素衣白履，昂然进来吊丧。萧何见状大怒道："你喝醉了吗？"

这位名叫召平的人，原是秦朝的东陵侯。秦亡后隐居郭外家中种瓜，味极甘美，时人故号东陵瓜。萧何入关，闻知贤名，招至幕下，每有行事，便找他计议，获益匪浅。今天，他见萧何仍未领会他的意思，便说："公勿喜乐，从此后患无穷矣！"萧何不解，问道："我进位丞相，宠眷逾分，且我遇事小心谨慎，未敢稍有疏虞，君何出此言？"召平说道："主上南征北伐，亲冒矢石。而公安居都中，不与战阵，反得加封食邑，我揣度主上之意，恐在疑公。公不见淮阴侯韩信的下场吗？"萧何一听，恍然大悟，猛然惊出一身冷汗。第二天早晨，萧何便急匆匆入朝面圣，力辞封邑，并拿出许多家财，拨入国库，移作军需。汉帝刘邦果然十分高兴，奖励有加。

同年秋天，英布谋反，刘邦亲自率兵征讨。他身在前方，每次萧何派人输送军粮到前方时，刘邦都要问：“萧相国在长安做什么？”使者回答，萧相国爱民如子，除办军需以外，无非是做些安抚、体恤百姓的事。刘邦听后，总是默不作声。来使回报萧何，萧何亦未识汉帝何意。一日，萧何偶尔问及门客，一门客说：“公不久要满门抄斩了。”萧何大骇，忙问其故。那门客接着说：“公位列百官之首，还有什么职位可以再封给您呢？况且您一入关就深得百姓的爱戴，到现在已经十多年了，百姓都拥护您，您还在想尽方法为民办事，以此安抚百姓。现在皇上所以几次问您的起居动向，就是害怕您借助关中的民望有什么不轨行动啊！试想，一旦您乘虚号召，闭关自守，岂非将皇上置于进不能战，退无可归的境地？如今您何不贱价强买民间田宅，故意让百姓骂您、怨恨您，制造些坏名声，这样皇上一看您也不得民心了，才会对您放心。”萧何长叹一声，说：“我怎么能去剥削百姓，做贪官污吏呢！”门客说：“您真是对别人明白，对自己糊涂啊！”

萧何何尝不明白，对于一般的小官吏，汉帝并不怕他们有野心。所以一有贪赃枉法行为，必遭严惩。对于自己这样的大臣，汉帝主要是防止他们有野心，对于贪赃枉法那些小事，反无足轻重了。为了释去主上的疑忌，保全自己，萧何不得已违心地做些侵夺民间财物的坏事来自污名节。不久，萧何的所作所为就被人密报给了刘邦。果然，刘邦听后，像没有发生什么事一样，并不查问。当刘邦从前线凯旋归来时，百姓拦路上书，控告萧相国强夺、贱买民间田宅，价值数千万。刘邦回到长安后，萧何去见他时，刘邦笑着把百姓的上书交给萧何，意味深长地说：“你身为相国，竟然也和百姓争利！你就是这样‘利民’啊？你自己向百姓谢罪去吧！”刘邦表面上让萧

何向百姓认错，补偿田价，可内心里却暗自高兴，对萧何的怀疑也逐渐消释。

镇国家、抚百姓的萧何，违心地干了侵害百姓利益的事情，心中很不安，总想找机会补偿百姓。不久，萧何看到长安一带耕地狭小，百姓缺衣少食，可是天子的上林苑中却有许多闲着的荒地用来放养禽兽。萧何觉得太浪费了，便上奏请皇上把这些荒地分给百姓去耕种，收了庄稼留下禾杆照样可以供养禽兽。汉帝刘邦当时正在病中，见此奏章，又恨萧何取悦于民，一怒之下，下令将萧何逮捕入狱。满朝文武以为萧何必犯了大逆不道之罪，怕连累自己，都不敢替他申辩。幸亏有一个姓王的卫尉，平日素敬萧何的为人，在侍卫刘邦时顺便向刘邦探问："萧相国犯了什么大罪？"刘邦余怒未消，道："休要提他？提起他朕就生气。当年李斯为秦相时，做了好事都归君主，出了差错就揽在自己身上。现在萧何受了商人的许多贿赂，竟要求我开放上林苑给百姓耕种，这分明是想取悦于民，自己得个好名声啊！不知道把我看成是什么样的君主了！"王卫尉闻言奏道："陛下未免错疑丞相了。臣闻百姓足，君孰与不足，相国为民兴利，化无益为有益，正是丞相调和鼎鼐应做的职务。民间百姓感激，断不会感激丞相一人，因为有这样的良相，必是贤明之君主选用的。还有一层，丞相如有野心，当年陛下在外征战数年，他那时候不费吹灰之力便可坐据关中，何至反以区区御苑，示好百姓，而去收买人心呢？"王卫尉见汉帝认真在听，顿了一下，继续说道："前秦灭亡，正因君臣猜忌，才给了陛下机会。陛下若疑忌萧丞相，不但浅视了萧何，也看轻了陛下自己呀。"刘邦听了，心里虽然不大高兴，但想想王卫尉的话毕竟有些道理，于是挥挥手，当天就命人放了萧何。

萧何当时已是六十多岁的老人了，见刘邦开恩释放了他，更是诚惶诚恐，谨慎恭敬。虽然因为全身戴上刑具，害得他手足麻木，连路都快走不动了，而且蓬头赤足，污秽不堪，但又不敢回府沐浴再朝拜天子，只得这样上殿谢恩。刘邦见萧何如此狼狈，也觉得有些过意不去，便安抚萧何道："相国不必多礼！这次的事，原是相国为民请愿，我不允许。我不过是夏桀、商纣那样的无道天子罢了，而你却是个贤德的丞相。我之所以关押相国，就是要让百姓知道你的贤能和我的过失啊！"刘邦的这番话虽然言不由衷，但对萧何的廉政为民，终于还是默认了。从此以后，萧何对刘邦更是诚惶诚恐，恭谨有加了。刘邦也照例以礼相待，但萧何从此对国事就只能保持沉默了。

汉十二年（前 195 年）四月二十五日，汉高祖刘邦病逝于长乐宫，享年 62 岁。同年，太子刘盈即位，是为惠帝。萧何再任丞相。不过这时，萧何年事已高。这期间，萧何在"约法三章"的基础上，参照秦法，摘取其中合乎当时社会状况的内容，制定了律法共九章。这是汉朝制定律令的开端。萧何制定的汉律九章，去除了秦法的苛繁、严酷，使法令更为明简。公元前 193 年，年迈的相国萧何，由于常年为汉室操劳，终于卧病不起。病危之际，汉惠帝亲自前往探望，并趁机询问："丞相百年之后，谁可代之？"接着惠帝又问："曹参如何？"萧何听了，竟挣扎起病体，向惠帝叩头，道："陛下能得到曹参为相，我萧何即使死了，也没有什么遗恨了！"

萧何死后，曹参继任丞相，一切公务悉照旧章，照例而行，清静治民，乐在其中。长此以往，一些朝臣便在惠帝面前参奏他因循

苟且，惠帝也疑心他倚老卖老，便召见曹参问其缘故。曹参反问惠帝道："陛下自思圣明英武，能及先帝吗？"惠帝被问得涨红了脸，答道："朕年未成冠，且无阅历，如何及得先帝！"曹参又问："陛下视臣及得萧丞相吗？""朕看来似乎也不能及。"惠帝答道。"陛下说的正是！伏思先帝以布衣起家，南征北讨，方有天下。若非大智慧，大勇毅，焉能至此。萧丞相明订法令，中具规模，行之已久，万民称颂。今陛下用臣为相，只要能够奉公守法，遵照旧章，能继旧业，已属幸事。若自作聪明，推翻成法，必致上下紊乱，恐欲再求今日之太平，已无可得矣！"惠帝恍然大悟。这就是成语"萧规曹随"的来历。就这样，曹参任相三年，极力主张清静无为不扰民，遵照萧何制定好的法规治理国家，使西汉政治稳定、经济发展，人民生活水平日渐提高。

当身处高位、位极辉煌之时，要说萧何无一点骄傲之心，也许并不可能。不过，他深知骄奢之心愈盛，则危险愈大，因为这样常会遭人嫉恨，因此难免被心怀叵测的人所陷害。所以在门人的提醒下，萧何开始自污名节，以释君疑。

萧何，算是一个很精通儒家勤政、谦抑谨慎窍门的人了，因此才能侍奉大杀功臣的刘邦多年而得以善终。

张良：从“帝者师”退居“帝者宾”

张良的智谋，不仅表现在运筹帷幄上，更显现于在政治旋涡中进退自如的潇洒状态。

在汉朝建立、对功臣进行封赏的过程中，张良的拒封辞赏，以及托病“从赤松子游”，更可谓是明智至极。对此宋代大史学家司马光评论说，人生而有死，实为必然，依张良的明辨达理，不会不明白，他之所以去寻仙求道，遗弃人间，正是为了明哲保身啊！这就点破了张良的真正用意，即他看透了帝业成功之后君臣之间的“难处”，故而以“虚诡”逃脱残酷的现实，欲以退让来避免不断重复的历史悲剧。事实上也确实如此。汉初三杰之中，韩信最终被诛，而萧何亦曾被囚，唯有张良，始终身处能进能退、有荣无辱的潇洒状态中，这显然与他自动退隐的选择大有关系。

公元前201年，刘邦彻底打败诸侯势力，平定天下，开始论功行赏。因为张良是谋臣，没有战功，刘邦让他从齐国选三万户作为封邑。张良赶紧辞谢说：“当初我在下邳起事时，跟陛下在留城相遇，此为天意成全我，把我交给陛下。以后陛下信任我，我的计策

有时还很管用，所以把留地封给我，我就心满意足了，怎么敢要三万户？”刘邦再三劝封，张良坚辞不受，最后，刘邦只好接受了他的请求，封他为留侯。

当时，刘邦分封了二十余名大臣，其他人日夜争名夺利，使刘邦左右为难，无法再封。张良则反其道而行，不但不争功，而且封了还辞谢。

汉朝建立后，由于统治阶级内部争权夺利的斗争日益尖锐和激化，张良由于体弱多病，入关后身体越来越不好，所以他干脆“等功名于物外，置荣利于不顾”。他闭门谢客，深居简出，蛰居在家颐养身体，修仙学道。他追随刘邦多年，明了其为人：只可与之共患难，而不可与之共荣华。他经常对人说：“我家世代相韩，韩国被灭掉后，我不惜花费万金家财，为韩国报仇。刺杀秦始皇一事使天下震动。现在我以三寸不烂之舌辅佐皇帝，被封为万户侯，作为一个普通人，这已经是登峰造极了，我张良心满意足。我情愿摒弃人间之事，跟着仙人赤松子去游历天下。”吕后感德张良，劝他毋自苦，张良最后还是没有听从吕后的劝告，仍就服人间烟火。

晁错：伴君如伴虎，此话真不假

作为一个“贤良文学”之士，晁错不仅忠诚事君，心怀社稷，而且有着为实现这种政治理想敢作敢为的精神。从他上书文景二帝的奏疏中，可以看出他忧心国事、希冀一朝臻于至治的迫切愿望。为了这些，他完全不顾个人私利，不念自身安危。这种具有强烈责任感的胸怀无疑是令人敬佩的。但同时也应看到，晁错的为政态度和决策方式带有很大的危险性。他虽然预见到削藩政策所能引起的连锁反应，但对皇帝本人与被“削”者之间关系的复杂性及相关利益者的反应的考虑，则远远不够。诚如其父所担忧的，他这种不知稳中求进、注意保护自己的做法，势必要引来杀身大祸。

文帝十五年（前165年），诏令全国推举贤良、方正、文学之士，晁错被选中。文帝就“直言极谏”等问题提出征询，在参加对策的一百多人当中，晁错回答得最为出色。晁错在对策中提出了一个尖锐的问题，他指出：文帝即位已经16年了，可是百姓仍然没有富起来，盗贼没有减少，边境也不安宁，原因就在于皇帝没有能够亲自听取群臣的意见。同时晁错还进言应对诸侯王权利予以削夺。对此文帝没有采纳，但很重视，提升晁错为中大夫，掌谏议顾问。

西汉诸侯王问题由来已久。刘邦在铲除了韩信等异姓诸侯王以后，分封刘氏宗室子弟为诸侯王，希望这些同姓诸侯王能够像群星拱卫太阳一样捍卫皇室，保持刘氏江山万古永存。诸侯王拥有很大权利，可以在封国内自行征发兵役徭役、调动军队、征收赋税和任命官员。他们占据了全国大部分领土和近三分之二的人口，形成了弱干强枝的局面。

刘邦在世时，各王年龄尚小，羽翼未丰，对中央政府还未构成威胁。到文景之时，尤其是文帝时，由于他自己就是以诸侯王身份被大臣拥立即位的，为笼络刘氏宗室，又分封了许多诸侯王，此时诸侯王多已长大，其势力也迅速膨胀起来，开始不服从中央约束，自己制定法令，大肆僭越各种仪式，甚至搞分裂割据和武装叛乱。文帝三年（前 177 年），济北王刘兴居起兵反叛；三年后，淮南王刘长又勾结匈奴和闽越，密谋造反；吴王刘濞因其子被皇太子误伤致死一事二十多年不来朝贡……这一切都表明诸侯王国对汉朝中央已构成了严重威胁。

公元前 174 年，文帝去世，景帝即位。晁错又多次向景帝疾呼，请求削藩。他以吴王刘濞为例，对景帝说："二十多年来，吴王一直不来朝贡，按律早就应当治罪，先帝百般容忍，不忍加罪，并说他年纪大了，不便跋山涉水，还封赐给他几、杖，希望他改过自新，可是他却越来越狂傲骄横，私自开采铜山铸钱，煮海水制盐，大肆招诱亡命之徒，阴谋叛乱，如果不及早削夺其封地，将来就没有办法对付他了。"

景帝何尝不知道诸侯王的威胁，也非常愿意削夺诸侯王的封地，但又顾虑诸侯王们造反，迟迟不能下定决心，为此，晁错说："如果削夺他们的封地，他们会造反，但即使现在不削夺他们的封地，他们将来也一定会造反，不如趁早动手，祸患还小点。现在不削夺其封地，将来造起反来，祸患就大了。”

景帝最终还是下定了决心，支持晁错强行削藩，但这要冒着极大的风险，不仅诸侯王人心浮动，惶惶不安，而且朝廷中也有不少官员强烈反对。晁错一心只为削藩，但却把自己置于非常危险的境地。朝中一些主张削藩者也都暗暗地为晁错捏着一把汗，劝晁错一定要谨慎从事，免遭不测。就连晁错白发苍苍的老父亲也感受到了其中的危险，他不远千里，特地从颍川赶到长安劝说晁错：“皇上刚刚即位，就让你当了御史大夫，地位已经够高了，怎么还不安分守己，多管闲事呢？你好好想想，诸侯王都是皇上的亲骨肉，他们怎样，与你有什么关系？你天天嚷着要削夺他们的封地，他们哪一个不对你恨之入骨！你就是不为自己着想，也该为我想想吧！”

谁知晁错在沉默了一会儿后却说：“父亲，您说的我都懂，但是如果不这样做，天子的权威就无法树立，国家也将处于动荡之中，我这样做，就是为了尊天子安社稷啊！”

“你这样做，刘氏江山可能安定了，而我们晁家却危险了！”老人知道自己也无法劝动儿子，便摇了摇头，叹了口气说：“我已老了，不愿看到大祸临头的那一天，你好自为之吧！”说罢，老人不顾儿子的挽留，头也不回地走了。晁错望着父亲苍老的背影渐渐远去，禁不住热泪盈眶。没过几天，就从家乡传来了父亲回家后服毒自尽的消息。

晁错把悲痛强压在了心间，为了国家安宁，他把种种非难、恐吓及个人的生死全都置之度外，毅然开始实施削藩计划，在景帝三

年（前 154 年）一场影响深远的削藩运动拉开了帷幕。

晁错所置身的环境情况错综复杂，仿佛两军拼杀的沙场。在这种境况之下，作为最显眼的人物，晁错却没有一件可以防身的“盔甲”。不仅如此，这位天真刚直的政治家还到处树敌，与人因公结怨。这样一来，不仅自己的政治措施得不到支持，而且还招来了各种明枪暗箭。因此，在政敌袁盎的谗惑之下，年轻的景帝就完全忘记了晁错的舍生忘死究竟是为了什么，忘记了晁错与他的师生之谊，而决定以牺牲晁错的办法来试图保全皇位。

晁错凭着自己的卓越才识，文帝时就颇受赏识。景帝即位以后，立即提升他做了京都长安地区的最高行政长官——内史，对他更加宠信，言听计从，程度丝毫不亚于丞相和九卿，许多法令也是经他之手制定的，这引起了许多同僚的妒忌和不满。

晁错的内史府设在汉高祖的父亲太上皇庙围墙外的一片空地上，中间与太上皇庙还隔着一道矮墙。内史府原来向东开门，出入极不方便。晁错便命人将那道矮墙凿开，向南开门。申屠嘉对晁错一直不满，得知后，觉得机会终于来了，想借此事好好惩罚晁错一下，便连夜起草奏章，弹劾晁错，说他蔑视太上皇，罪当处死。谁知，申的奏章尚未发出，便被人得知并连夜通知了晁错。晁错听到风声后便即刻进宫，向景帝坦白了擅开太上皇庙围墙之罪，景帝很爽快地原谅了他。

第二天上朝时，申屠嘉便弹劾晁错毁坏太上皇庙的围墙，请求处死晁错。景帝看完奏章后说：“晁错因府门不便，另开新门，凿穿的不是真正的宗庙围墙，只是宗庙空地外边的一道矮墙，并没有损及宗庙，况且这是朕让他干的，不能算犯法。”申屠嘉本以为抓住了晁错的一个大把柄，一定可以置他于死地，没想到却碰了个钉子，窘迫地涨红了脸，心里知道被晁错抢先了一步，虽愤愤不已，却无处发泄。

散朝后，申屠嘉回到相府，越想越气不住地大口吐起血来，虽几经名医调治，但心病未除，最终不愈而亡。

申屠嘉死后，景帝提升御史大夫陶青为丞相，升晁错为御史大夫。这样一来，晁错更加显贵了。

景帝曾经将晁错削藩之策交给群臣讨论，大臣们都知道皇帝支持晁错，虽然心里有不同意见，但当着景帝的面，又不敢公开与晁错争辩。只有窦太后的堂侄魏其侯窦婴站出来反对，他指责晁错别有用心，想挑拨刘氏宗室子弟间的关系，并劝景帝不要理会晁错的建议，结果被晁错当众驳斥得张口结舌，从此对晁错心怀怨恨。

晁错与中郎将袁盎的关系也势如水火。每到一处，只要晁错在场，袁盎扭头便走；袁盎如果在场，晁错也会立刻抽身返回。虽然同朝为官多年，二人竟从未在一起说过话。袁盎曾任过吴国相，晁错升任御史大夫后，就秘密派人调查袁盎，结果发现他曾收受过吴王贿赂。于是晁错便上奏景帝，请求重治其罪。景帝没有同意，只是下诏免去其一切官职，贬为庶人。

景帝三年（前 154 年），晁错开始将自己的计划付诸实施。诸侯王平日里大都骄纵跋扈，要想抓住他们的把柄实在是太容易了。楚王刘戊在薄太后大丧期内仍与宫女寻欢作乐，虽被免除死罪，却被趁机削夺了东海郡；胶西王刘昂收受贿赂，卖官鬻爵，被削去六个县；赵王刘遂接着因为过失被削去了常山郡。随后，晁错又请景帝

下诏削夺实力最强的吴王刘濞的会稽、豫章两郡，他也知道，此举事关削藩大局，如果成功，再削其他诸侯王的封地就会易如反掌，否则必将战乱四起，难以收拾。

朝廷中讨论削夺吴王封地的消息传到吴国后，刘濞迅速派人联络了胶西、楚、赵及胶东、淄川、济南等国，约定联合叛乱。景帝三年（前154年）正月，刘濞征集了二十万人首先在广陵发难。他以“清君侧”为借口，向全国发出布告，声称汉朝中央出了奸臣，无功于天下，却侵夺诸侯封地，离间刘氏骨肉，排斥先朝功臣，惑乱天下，皇帝因体弱多病不能明察，故诸侯起兵清君侧，以安定天下。另外六国迅速响应，一起反叛。

叛军攻势很猛。吴军渡过淮水后与楚军会合，并力攻梁，企图解除西进的后顾之忧；胶西、胶东、济南、淄川四国合力攻齐；赵国屯兵境内，伺机与匈奴勾结南下，叛军势力遍及关东，一时间天下震动。各地的告急文书像雪片一样一封接一封地送往长安。年轻的景帝被吓得惊惶失措，立即召集群臣商议对策，可大臣们谁也不作声，最后全都把目光集中到晁错一人身上。晁错十分从容地分析了形势，指出吴楚叛军虽然一时势大，但名不正，言不顺，内部矛盾重重，各怀鬼胎，难成大事，当前的关键是要阻止吴楚进攻。他建议景帝亲征荥阳，激励士气，自己留守。而此时的景帝已经被叛军吓坏了，不仅根本听不进晁错的建议，还对他提出亲征一事产生了怀疑。

叛乱发生以后，晁错还提出要进一步治袁盎的罪。他对属下说：“袁盎受过刘濞贿赂，多次包庇他，说他不会造反，现在刘濞却带头造反了，应该追究他知情不举之罪。”属下听了后却说：“现在这样做也没有什么用处，况且袁盎作为国家大臣，似乎不可能参与吴楚的阴谋。”

此事被袁盎知道了，他惊恐万分，

于是连夜求见对晁错也心怀不满的窦婴，对他讲了一通吴王之所以谋反的原因，并表示自己有办法平定叛乱，请求窦婴帮助他面见景帝。

这天晚上，晁错正在宫中与景帝商量调兵之事。二人正计议间，忽然窦婴入宫，说袁盎有平叛良策，请求景帝召见袁盎。景帝答应了，不一会儿袁盎来到宫中，

景帝抬眼问：“你曾担任过吴国相，一定了解吴国的情况。现在吴楚叛乱，你可有良策解决吗？”

袁盎抬起头来左右看了看，一言不发。景帝以为他有重要机密禀告，便命随从全部退下，又催促袁盎快讲。袁盎又抬起头看了晁错几眼，吞吞吐吐地说：“臣所要说的计策，除了陛下，任何人都不能知道！”景帝只好示意晁错也暂且退下，晁错气得七窍生烟，只好愤愤地退了下去。

这时屋内只剩下袁盎和景帝两个人了，袁盎才缓缓说道：“陛下您难道不知道，吴楚等国发布的文告上明确地说，当年高祖皇帝分封子弟为王，以拱卫中央，但如今贼臣晁错却屡屡寻找借口，一点一点地削夺他们的封地，他们才被迫起兵的；他们的目的实际上是要联合起来诛杀晁错，请求恢复封地。如今之计，只有斩杀晁错，并派使节把这一消息通知诸王国，叛乱就可兵不血刃地被平定！请陛下三思。”

景帝听了，觉得他说的也有道理，沉默了好长时间，才说：“如

果真是这样的话，朕决不会因为爱惜一个人而得罪诸侯，让百姓再受刀兵之灾。”

十多天后，丞相陶青等上书弹劾晁错，指责他建议皇帝亲征，自己留守，有失臣礼，大逆不道，应当处以腰斩之刑，并株连全家。景帝为了一时苟安，批准了这一奏章，接着，派中尉去召晁错，诡称一起乘车去巡视市集。就这样，晁错穿着朝服被腰斩于东市。

司马迁：就算阉了我，我也要说真话

天汉二年（前 99 年）夏天，汉武帝派自己宠妃李夫人的哥哥、贰师将军李广利领兵讨伐匈奴，另派李陵随从李广利押运辎重。李陵带领步卒五千人出居延，孤军深入浚稽山，与匈奴单于遭遇。匈奴以八万骑兵围攻李陵。经过八昼夜的战斗，李陵斩杀了一万多匈奴，但由于他得不到主力部队的支援，结果弹尽粮绝，不幸被俘。

李陵兵败的消息传到长安后，武帝本希望他能战死，后听说他却投了降，愤怒万分，满朝文武官员察言观色，趋炎附势，几天前还纷纷称赞李陵的英勇，现在却附和汉武帝，指责李陵的罪过。汉武帝询问太史令司马迁的看法，司马迁一方面安慰武帝，一方面也痛恨那些见风使舵的大臣，尽力为李陵辩护。

他认为李陵平时孝顺母亲，对朋友讲信义，对人谦虚礼让，对士兵有恩信，常常奋不顾身地急国家之所急，有国士的风范。司马迁痛恨那些只知道保全自己和家人的大臣，他们如今见李陵出兵不利，就一味地落井下石，夸大其罪名。他对汉武帝说："李陵只率领五千步兵，深入匈奴，孤军奋战，杀伤了许多敌人，立下了赫赫功劳。在救兵不至、弹尽粮绝、走投无路的情况下，仍然奋勇杀敌。就是古代名将也不过如此。李陵自己虽陷于失败之中，而他杀伤匈奴之多，也足以显赫于天下了。他之所以不死，而是投降了匈奴，一定是想寻找适当的机会再报答汉室。"

司马迁的意思似乎是贰师将军李广利没有尽到他的责任。他的直言触怒了汉武帝，汉武帝认为他是在为李陵辩护，讽刺劳师远征、战败而归的李广利，于是下令将司马迁打入大牢。

据汉朝的刑法，死刑有两种减免办法：一是拿五十万钱赎罪，二是受"腐刑"。当时司马迁官小家贫，只好以受"腐刑"赎罪（这里说的"腐刑"就是指司马迁受宫刑），服刑后才保全了性命。

为了能让司马迁顺利接受宫刑，汉武帝还特别提醒负责此案的酷吏杜周说："这人性烈，不要让他在受刑前死掉。"他还特意让杜周把可以免除宫刑的赎金提高到 50 万钱这样一个天文数字，并派人密切注视那些准备掏钱为司马迁赎罪的人的动向，看谁敢与皇命抗衡，看谁敢与自己叫板。有钱的人不肯相救，肯救的人却没有钱，况且皇帝也不愿意、不希望、不同意有人来救司马迁。在这种严酷的政治高压下，司马迁也只有听天由命、任人宰割了。在汉武帝心里，你司马迁不是自视正直无私吗？不是自视血性男儿吗？那我就把你的锐气扫平，让你失去作为一个男人的尊严，让你在屈辱中苟

活，看你以后还有没有这份刚强和倔犟。

出狱后，司马迁任中书令，他忍辱含垢，继续写作《史记》。至征和二年（前 91 年），他在写给任安的信中称："仆窃不逊，近自托于无能之辞，网罗天下放失旧闻，略考其行事，稽其成败兴坏之纪，凡百三十篇。"《史记》一书的写作至此已经基本完成，从太初元年（前 104 年）正式开始写作算起，前后经历了十四年。

司马迁想为封建统治者提供历史的借鉴作用，反映的是真实的历史，这是非常可贵的。本着实录的精神，司马迁在选取人物时，并不是根据其官职或社会地位，而是以其实际行为表现为标准。比如，他写了许多诸如游侠、商人、医生、娼优等下层人物的传记。在司马迁心目中，这些人都有可取之处。司马迁首创了以人载事，始终叙述一个人生平事迹的写法。着重写其"为人"，并注意其"为人"的复杂性，是司马迁的笔法。他在作传时，把自己的看法寓于客观的事实叙述之中，来表达自己对人物的爱憎态度。比如项羽这个人物，司马迁同情他，以非常饱满的热情来写这位失败英雄。他既称赞项羽的骁勇，又对他的胸无大志、残暴自恃做出批评。虽然，在《项羽本纪》中，司马迁并没有发议论，但是他对项羽的爱憎态度却于叙事之中明显地表现了出来。这便是司马迁作传的最大特点，即真实性和倾向性的统一。

司马迁爱憎分明的感情在《史记》当中表现得非常充分。他高度评价了秦末农民大起义。陈涉出身贫农，是农民起义的领导者，可司马迁却将他和诸侯并列，放在"世家"当中来叙述。对于一个封建史学家来说，能做到这一点是非常不容易的。他在《史记·太史公自序》中，将陈涉和古代有名的帝王——商汤和周武王相提并论，同时明确地指出，只要封建帝王暴虐无道，人民就有权力起来推翻他。陈涉领导的这支农民军虽然没有取得成功，但却掀起了波澜壮阔的秦末农民战争，最后终于推翻了秦朝的无道统治。对陈涉首先起义、推翻秦朝的历史功绩，司马迁是完全持肯定态度的。

对于历史上许多忠于祖国、热爱人民的英雄人物，司马迁也大加赞赏。他当年游历祖国山河时，曾到过湖南长沙北面的汨罗江，并在江畔凭吊了伟大的爱国诗人屈原。这次凭吊极大地影响了司马迁，他的心灵中深深地印入了屈原的诗篇和一生的遭遇。在给屈原作传时，他认为屈原可以同日月争辉，并愤怒地谴责了楚国贵族统治者不辨忠奸的丑恶行径。当年，司马迁还曾到湖南零陵郡瞻仰舜的葬地，对舜的事迹做了实地考查。后来在写《史记》时，他便把舜的事迹写在《五帝本纪》里，赞扬他忧国忧民的高贵品质。司马迁也非常推崇“完璧归赵”和“将相和”故事中的主人公——蔺相如和廉颇，对他们的爱国行为大加赞赏。

在《史记》中，司马迁还歌颂了那些为了反抗强暴，置自身性命于不顾的刺客以及救人急难、见义勇为的游侠。比如“风萧萧兮易水寒，壮士一去不复返”的荆轲，他为报燕太子丹的知遇之恩不惜只身刺秦王，最终血溅秦廷。司马迁对这些人物进行大胆的歌颂，实际上便是对劳动人民的同情，赞扬人民反抗强暴的行为。司马迁对名医扁鹊、谆于意等有益于人民的人，用很长的篇幅记录了他们的生动事迹和医学理论。这些人在当时都没有社会地位，可在司马迁的心目中，他们远比某些王侯将相高贵。

对封建统治者的丑恶面貌，司马迁也有比较深刻的认识，并无

情地揭露了统治阶级的罪恶。比如《酷吏列传》一共为十个残暴冷酷的官吏作传，其中汉武帝的臣子就有九人。汉武帝当时重用张汤，而“汤为人多诈，舞智以御人。始为小吏，乾没，与长安富贾田甲、鱼翁叔王属交私”。所谓“乾没”，即空手得到的意思。这里描写的是张汤为小吏时好用计谋以制服他人的情况。张汤得势后，与赵禹一起制定了各种残酷的法令，其中有一条叫“腹诽之法”，即不管有罪与否，只要被指控为对朝廷心存不满，就可以据此治罪。张汤不仅善于巧立法令名目，而且还会迎合汉武帝的心意去处置“犯人”。在他的主持下，往往一个案件会使无数人家受到牵连，以致杀人如麻，视人命如草芥。这些人的罪恶行径都被司马迁记录了下来，他便是通过这些对汉武帝时期专制统治的残酷和黑暗加以揭露和控诉的。

司马迁的进步历史观和敢于揭露帝王过失的大胆作风值得肯定。对于历史的演进过程，他的思想也比较完整。他因直言进谏而遭宫刑，却因此更加发愤著书，创作了名震古今中外的史学臣著《史记》，为中国人民，世界人民留下了一笔珍贵的文化遗产。一部被后人誉为“史家之绝唱，无韵之离骚”的史学巨著，足以使司马迁名垂青史，流芳万古。

公孙弘：两次被贬，我学乖了

公孙弘，年轻时曾做过狱吏，获罪被免职，其后以养猪为生。他四十岁开始读《春秋》，后来，成为汉武帝当政时期的第一任丞相。

公孙弘活到80岁，在丞相位上去世。此后，李蔡、严青翟、赵周、石庆、公孙贺、刘屈氂相继成为丞相。因为言行不谨慎，这些人中只有石庆在丞相位上去世，其他人都遭到诛杀。

据统计，汉武帝时期，担任过丞相一职的共计12人。其中，只有5人幸运地被正常免职，而非正常死亡者则多达7人。当年武帝要任命公孙贺为相，公孙贺吓得顿首涕泣，极力推辞，后勉强接受相印，仍未逃脱被灭族的厄运。在这种政治环境下，公孙弘虽身居高位，却如履薄冰。

在公孙弘身上，有很多东西可以讨论，譬如大器晚成、二次公选的幸运儿等，但人们议论最多的，莫过于他在官场上的种种行为，有人甚至称其为“汉代溜须拍马、见风使舵的始祖”。其实，设身处地地想想，处在那种“君要臣死，臣不得不死”的年代，在汉武帝的高压政策下，这不过是公孙弘化解危机，保住性命的一种谋略。

汉元光五年，信奉儒家学说的汉武帝征召天下有才能的读书人，年已七十多岁的川人公孙弘的策文被汉武帝欣赏，提名为对策第一。汉武帝刚即位时也曾征召贤良文学之士，那时公孙弘才 60 岁，以贤良征为博士。后来，他奉命出使匈奴，回来向汉武帝汇报情况，因与皇上意见不合，并在朝堂上起争执，引起皇上发怒，他只好称病回归故乡。这次他荣幸地获得对策第一，重新进入京都大门，就决定要吸取上次的教训，凡事必须保持低调。

从此，公孙弘上朝议事，从来没有发生过与皇上意见不一致时当庭分争的事情。凡事都顺着汉武帝的意思，由皇上自己拿主意，汉武帝认为他谨慎淳厚，又熟习文法和官场事务，一年不到，就提拔他为左内史。

有一次，公孙弘因事上朝奏报，他的意见和主爵都尉汲黯一致，两人商量好要坚持共同的主张。谁知当汉武帝升殿，邀集群臣议论时，公孙弘竟为迎合圣意放弃自己先前的主张，提出由皇上自己拿主意。汲黯顿时十分恼怒，当庭责问公孙弘说："我听说齐国人大多狡诈而无情义，你开始时与我持一致意见，现在却背弃当初的意见，岂不是太不忠诚了吗？"汉武帝问公孙弘说："你有没有食言？"公孙弘谢罪说："如果了解臣的为人，便会说臣忠诚；如果不了解臣的为人，便会说臣不忠诚！"汉武帝见他回答得如此机巧而妥当，十分满意。从那以后，左右幸臣每次诋毁公孙弘，皇上都宽厚地为他开脱，并在几年后提拔他为御史大夫。

公孙弘在皇上眼中是个谨慎淳厚的臣子，但有些大臣却认为他是个伪君子。有一次，主爵都尉汲黯听说公孙弘生活节俭，晚上睡觉盖的是布被，便入宫向汉武帝进言说："公孙弘居于三公之位，俸禄这么多，但是他睡觉盖布被，这是假装节俭，这样做岂不是为了欺世盗名吗？”汉武帝马上召见公孙弘，问他说：“有没有盖布被之事？”公孙弘谢罪说：“确有此事。我位居三公而盖布被，诚然是用欺诈手段来沽名钓誉。臣听说管仲担任齐国丞相时，市租都归于国库，齐国由此而称霸；到晏婴任齐景公的丞相时从来不吃肉，妾不穿丝帛做的衣服，齐国得到治理。今日臣虽然身居御史大夫之位，但睡觉却盖布被，这无非是说与小官吏没什么两样，怪不得汲黯颇有微议，说臣沽名钓誉。”汉武帝听得公孙弘满口认错，更加觉得他是个凡事退让的谦谦君子，因此更加信任他。元狩五年，汉武帝免去薛泽的丞相之位，由公孙弘继任。汉朝通常都是列侯才能拜为丞相，而公孙弘却没有爵位，于是，皇上又下诏封他为平津侯。

公孙弘两次进朝堂，第一次因为过于刚直，直言犯上，得罪汉武帝，不得不称病辞官。第二次他则吸取了教训，一入朝堂便谨言慎行，绝不相争。他这种取容当世的做法可以说是不得已而为之，但在风云莫测的政治舞台上又绝对是明哲保身的不二法宝。

很显然，公孙弘屡次巧妙摆脱危机，仰仗的正是他高人一筹的才智。

苏武：任海枯石烂，俺大节不稍亏

匈奴自从被卫青、霍去病打败以后，双方有好几年没打仗。他们口头上表示要跟汉朝和好，实际上还是随时想进犯中原。

匈奴的单于一次次派使者来求和，可是汉朝的使者到匈奴去回访，有的却被他们扣留了。汉朝也扣留了一些匈奴使者。

公元前100年，汉武帝正想出兵打匈奴，匈奴派使者来求和了，还把以前扣留的汉朝的使者都放了回来。汉武帝为了答复匈奴善意的表示，派中郎将苏武拿着旌节，带着副手张胜和随员常惠，出使匈奴。

苏武到了匈奴，送回扣留的使者，送上礼物。苏武正等单于写个回信让他回去，没想到就在这个时候，出了一件倒霉的事情。

苏武没到匈奴之前，有个汉人叫卫律，在出使匈奴后投降了匈奴。单于特别重用他，封他为王。

卫律有一个部下叫作虞常，对卫律很不满意。他跟苏武的副手张胜原来是朋友，就暗地跟张胜商量，想杀了卫律，劫持单于的母亲，逃回中原去。

张胜很表示同情，没想到虞常的计划没成功，反而被匈奴人逮住了。单于大怒，叫卫律审问虞常，还要查问出同谋的人来。

苏武本来不知道这件事。到了这时候，张胜怕受到牵连，才告诉苏武。

苏武说："事情已经到这个地步，一定会牵连到我。如果让人家审问以后再死，不是更给朝廷丢脸吗？"说罢，他就拔出刀来要自杀。张胜和随员常惠眼快，夺去他手里的刀，把他劝住了。

虞常受尽种种刑罚，只承认跟张胜是朋友，说过话，宁死也不承认跟他同谋。

卫律向单于报告。单于大怒，想杀死苏武，被大臣劝阻了，单于又叫卫律去逼迫苏武投降。

苏武一听卫律叫他投降，就说："我是汉朝的使者，如果有辱于使命，丧失了气节，活下去还有什么脸见人。"他又拔出刀来向脖子抹去。

卫律慌忙把他抱住，苏武的脖子已受了重伤，昏了过去。

卫律赶快叫人抢救，苏武才慢慢苏醒过来。

单于觉得苏武是个有气节的好汉，十分钦佩他。等苏武伤痊愈了，单于又想逼苏武投降。单于派卫律审问虞常，让苏武在旁边听着。卫律先把虞常定了死罪，杀了；接着，又举剑威胁张胜，张胜贪生怕死，投降了。

卫律对苏武说："你的副手有罪，你也得连坐。"

苏武说："我既没有跟他同谋，又不是他的亲属，为什么要连坐？"

卫律又举起剑威胁苏武，苏武不动声色。卫律没法，只好把举起的剑放下来，劝苏武说："我也是不得已才投降匈奴的，单于待我

好，封我为王，给我几万名部下和满山的牛羊，享尽富贵荣华。先生如果能够投降匈奴，明天也跟我一样，何必白白送掉性命呢？”苏武怒气冲冲地站起来，说：“卫律！你是汉人的儿子，做了汉朝的臣下。你忘恩负义，背叛了父母，背叛了朝廷，厚颜无耻地做了汉奸，还有什么脸来和我说话。我决不会投降，怎么逼我也没有用。”

卫律碰了一鼻子灰回去，向单于报告。单于把苏武关在地窖里，不给他吃的喝的，想用长期折磨的办法，逼他屈服。

这时候正是入冬天气，外面下着鹅毛大雪。苏武忍饥挨饿，渴了，就捧一把雪止渴；饿了，扯一些皮带、羊皮片啃着充饥。过了几天，居然没有饿死。

单于见折磨他没用，把他送到北海（今贝加尔湖）边去放羊，跟他的部下常惠分隔开来，不许他们通消息，还对苏武说：“等公羊生了小羊，才放你回去。”公羊怎么会生小羊呢，这不过是说要长期监禁他罢了。

苏武到了北海，周围什么人都没有，唯一和他做伴的是那根代表朝廷的旌节。匈奴不给口粮，他就掘野鼠洞里的草根充饥。日子一久，旌节上的穗子全掉了，苏武的头发和胡须也都变白了。

单于的弟弟於靬王到北海打猎。苏武会编结打猎的网，矫正弓弩，於靬王颇器重他，供给他衣服、食品。三年多过后，於靬王得病，赐给苏武马匹和牲畜、盛酒酪的瓦器、圆顶的毡帐篷。於靬王死后，他的部下也都迁离。这年冬天，有人盗去了苏武的牛羊，苏武又陷入了穷困。

当初，苏武与李陵都为侍中。苏武出使匈奴的第二年，李陵投降匈奴，不敢访求苏武。时间一久，单于派遣李陵去北海，为苏武安排了酒宴和歌舞。李陵趁机对苏武说：“单于听说我与你交情一向深厚，所以派我来劝说足下，愿谦诚地待你。你终究不能回归本朝了，白白地在荒无人烟的地方受苦，你对汉廷的信义又怎能有所表现呢？以前你的大哥苏嘉做奉车都尉，跟随皇上到雍的棫宫，扶着皇帝的车驾下殿阶，碰到柱子，折断了车辕，被定为大不敬的罪，用剑自杀了，只不过赐钱二百万用以下葬。你弟弟孺卿跟随皇上去祭祀河东土神，骑着马的宦官与驸马争船，把驸马推下去掉到河中淹死了。骑着马的宦官逃走了。皇上命令孺卿去追捕，他抓不到，因害怕而服毒自杀。我离开长安的时候，你的母亲已去世，我送葬到阳陵。你的夫人年纪还轻，听说已改嫁了，家中只有两个妹妹，两个女儿和一个男孩，如今又过了十多年，生死不知。人生像早晨的露水，何必长久地像这样折磨自己！我刚投降时，终日若有所失，几乎要发狂，自己痛心对不起汉廷，加上老母拘禁在保宫，你不想投降的心情，怎能超过当时的我呢！并且皇上年纪大了，法令随时变更，大臣无罪而全家被杀的有十几家，安危不可预料。你还打算为谁守节呢？希望你听从我的劝告，不要再说什么了！”

苏武说：“我苏武父子无功劳和恩德，都是皇帝栽培提拔起来的，官职升到列将，爵位封为通侯，兄弟三人都是皇帝的亲近之臣，常常愿意为朝廷牺牲一切。现在得到牺牲自己以效忠国家的机会，即使受到斧钺和汤镬这样的极刑，我也心甘情愿。大臣效忠君王，就像儿子效忠父亲，儿子为父亲而死，没有什么可恨，希望你不要再说了！”

李陵与苏武共饮了几天，又说：“你一定要听从我的话。”苏武说：“我料定自己已经是死去的人了！单于一定要逼迫我投降，那么就请结束今天的欢乐，让我死在你的面前！”李陵见苏武对朝廷如

此忠诚，慨然长叹道：“啊，义士！我李陵与卫律的罪恶，上能达天！”说着他的眼泪直流，浸湿了衣襟，告别苏武而去。李陵不好意思亲自送礼物给苏武，让他的妻子赠给苏武几十头牛羊。

后来李陵又到北海，对苏武说：“边界上抓住了云中郡的一个俘虏，说太守以下的官吏百姓都穿白的丧服，说是皇上死了。”苏武听到这个消息，面向南放声大哭，吐血，每天早晚哭晕达几月之久。

汉昭帝登位几年后，匈奴和汉达成和议。汉廷询问苏武等人，匈奴撒谎说苏武已死。后来汉使者又到匈奴，常惠请求看守他的人同他一起去，在夜晚见到了汉使，原原本本地述说了几年来在匈奴的情况。告诉汉使者要他对单于说：“天子在上林苑中射猎，射得一只大雁，脚上系着帛书，上面说苏武等人在北海。”汉使者万分高兴，按照常惠所教的话去责问单于。单于看着身边的人十分惊讶，向汉使道歉说：“苏武等人的确还活着。”于是李陵安排酒筵向苏武祝贺，说：“今天你还归，在匈奴中扬名，在汉室中功绩显赫。即使古代史书所记载的事迹，图画所绘的人物，怎能超过你！我李陵虽然无能和胆怯，假如汉廷姑且宽恕我的罪过，不杀我的老母，使我能实现在奇耻大辱下积蓄已久的志愿，这就同曹沫在柯邑订盟差不多，这是以前所一直不能忘记的！逮捕杀戮我的全家，成为当世的奇耻大辱，我还再顾念什么呢？算了吧，让你了解我的心罢了！我已成异国之人，这一别就永远隔绝了！”李陵起舞，唱道：“走过万里行程啊穿过了沙漠，为君王带兵啊奋战匈奴。归路断绝啊刀箭毁坏，兵士们全部死亡啊我的名声已败坏。老母已死，虽想报恩何处归！”李陵泪下纵横，于是同苏武告别。单于召集苏武的部下，除了以前已经投降和死亡的，最终跟随苏武回来的有九人。

苏武于汉昭帝始元六年（前81年）春回到长安。昭帝下令叫苏武带一份祭品去拜谒武帝的陵墓和祠庙。任命苏武做典属国，俸禄中两千石；赐钱二百万，官田二顷，住宅一处。常惠、徐圣、赵终根都任命为皇帝的侍卫官，赐给丝绸各二百匹。其余六人，年纪大了，归家，赐钱每人十万，终身免除徭役。常惠后来做到右将军，封为列侯，他自己也有传记。苏武被扣在匈奴共十九年，当初壮年出使，等到回来，胡须头发全都白了。

黄霸：论地方政绩，在汉朝我谁也不服

《汉书》评黄霸为自汉建立之后，地方官政绩第一人，这一评价是公允的。黄霸超人一等的政绩源于他两个为政决策：一是宽缓刑罚的政治决策顺应了民心。汉武帝穷兵黩武、法律严苛，令民财凋敝、社会动荡。黄霸作为一个地方官率先以宽政收笼民心，自然能收到良好的效果。二是从细处入手为百姓办实事。在现代人眼里古代地方官明也好、昏也好，似乎职责只在断案。其实，奖掖生产，发展地方经济，淳化民风，这些才是地方官最应该做的事情，也正是具体做起来最难做好的。黄霸从细处入手迎难而上，在较小的施展空间里，却做出了一番轰轰烈烈的业绩。

自汉武帝末年，施法严厉苛刻。汉昭帝即位，年幼，大将军霍光秉政，大臣争权，上官桀与燕王筹谋叛乱，霍光在诛杀他们之后，就遵循汉武帝时的法度，用刑罚严厉约束属下，因此平庸无能的官吏都崇尚严酷的刑罚，认为这是才能，而黄霸却以宽厚温和的政策进行治理而出名。

当时皇上注意国家治理，多次颁发恩泽诏书，但官吏没有让百姓都知道。黄霸为太守挑选品行好的官吏，广泛宣布诏令，让百姓都知道皇上的好意。命驿馆、乡里治所都喂养鸡猪，以便赡养鳏寡贫弱的人。然后制定教令，设置父老、师帅、伍长，颁行于民间，勉励他们做好事防止奸邪之徒，以及致力农桑，节俭增财，种植树木，喂养牲畜，不喂养吃谷的马匹。细小之事，起初极为繁多，但黄霸凭自己的精力极力推行它。黄霸见到吏民，从与他们的谈话之间探求、询问其他隐私，以做参考。黄霸曾想有所考察，于是挑选了年长廉洁的属吏并派他巡视，告诫他不要泄露出去。这一属吏出去后，不敢在驿站停留，在道旁进食时，乌鸦迅速叼取了他所要吃的肉。有个准备到郡府谈论事情的人刚好看见了，这人到郡府后与黄霸谈到了这件事。过了两天这个属吏回来拜见黄霸，黄霸看见他后欢迎并慰劳他，说："非常辛苦！在路旁进食却被乌鸦把肉叼走。"这个属吏大惊，认为黄霸知道他的全部行踪，黄霸询问他时，这个属吏连极小的事情都不敢隐瞒。后来，鳏寡孤独有死了而无法埋葬的，属吏用信告诉黄霸，黄霸全都为其分别加以处理。黄霸吩咐下吏某地的大树木可做棺材，某亭的猪可用来祭祀，下吏前去验看后发现一切都如黄霸所说。他记事的能力之强达到这种地步，吏民不知道他用的什么方法，都称赞他大为神明。因此，奸邪之徒离去到了别的郡国，他辖地内的盗贼一天比一天减少。

黄霸尽力实行教化，若有不从的，然后才施用刑罚，从不轻易损伤长吏。许县丞年老，犯耳聋病，督邮将此事告诉黄霸并想赶走他，黄霸说："许县丞是一名廉洁的官吏，虽然年老，但还是拜起送迎，即使很聋，又有什么妨碍呢？姑且好好地帮助他，不要使贤能之人失去志向。"有的人询问缘由，黄霸回答说："多次变换长吏，欢送旧官迎接新官的费用和奸滑小吏乘交接之际弃匿簿书来盗取公物，公私所耗费用很多，这些都应当由百姓拿出，所更换的新官又不一定贤能，有的不如以前的官吏，只是增加混乱。大凡治理之道，不能太苛求吧。"

黄霸靠表面宽大暗中明察受到吏民拥护，人口每年增加，治绩为天下第一。皇上征召他任京兆尹，俸禄两千石。后来他犯了事，耽误了朝廷征集财物以解决军用的大事，接连被减损俸禄。皇上又下诏让他复官颍川太守，俸禄八百石，像以前一样进行治理。皇上认为黄霸是政绩保持时间最长的人，于是下诏称赞他说："颍川太守黄霸，宣布诏令，百姓向往教化，孝子、悌弟、贞妇、顺孙一天比一天增多，耕作者相让于田界，道不拾遗，看顾鳏寡之人，供养贫穷之人，有的监狱八年没有犯大罪的囚犯，吏民向往教化，品行道义兴起，可称得上是贤人君子了。"后封爵关内侯，赐黄金一百斤，俸禄两千石。

霍光：权力我有的是，但我不滥用

霍光，河东平阳（今山西临汾）人，西汉权臣、政治家，麒麟阁十一功臣之首，大司马霍去病异母弟，汉昭帝皇后上官氏外祖父，汉宣帝皇后霍成君之父。

汉武帝临死前，遗诏让霍光、金日磾和上官桀共同辅佐幼主，不久，金日磾病死，由霍光和上官桀共同辅政。霍光和上官桀之间有着姻亲关系，霍光的大女儿是上官桀儿子上官安的妻子，彼此原本亲密无间，霍光有事或出宫休假期间，上官桀就入宫代替他处理政事。

但过了不久，两人的关系就逐渐紧张起来。上官安有个女儿，年方 5 岁，与昭帝年龄相当。上官安贪图禄位，请求霍光把他的女儿送进宫去。许配昭帝作为皇后。霍光认为外孙女年龄太小，没有同意。上官桀父子又通过昭帝姐姐鄂邑长公主，把上官安的女儿收入后宫，几个月后，就被立为皇后。不久，皇后的父亲上官安就被封为骠骑将军、桑乐侯。

上官桀父子位高权增之后，对长公主十分感激。长公主私生活不严肃，与河间的丁外人私通。上官桀、上官安想为丁外人求封爵，希望依照国家关于列侯娶公主的成例把丁外人封为列侯。霍光不同意。他们又为丁外人求取光禄大夫的官职，霍光又不同意。因此长公主对霍光大为怨恨，而上官桀屡次为丁外人求官爵而不得，也很惭愧，心里想，从先帝(指汉武帝)时开始，自己已经是九卿了，官位在霍光之上，现在自己与霍光都是辅弼重臣，皇后是自己的亲生孙女，霍光只不过是外祖父，他反而一人专制朝廷政事！从此，他们也很怨恨霍光，企图与之争夺权力。

此时，自以为年长又未得立为帝的燕王刘旦，亦常怀怨恨之心。御史大夫桑弘羊始创酒、盐、铁专卖官营制度，为国家兴利，居功自傲，想为他的子弟求官不得，也怨恨霍光。于是，上官桀父子便同长公主、桑弘羊串通一气，并勾结燕王刘旦，策划发动政变，先除掉霍光，然后废黜昭帝，立燕王旦为帝。燕王答应事成后封上官桀父子为王。上官安则图谋事成后杀燕王而立其父。他们各怀鬼胎，却还是为共同的预谋走到了一起来。

元凤元年(前80年)八月，上官桀等让一个人冒充是燕王使者，向朝廷上书，以燕王的名义攻击霍光“专权自恣”，并列举了他的三大罪状：其一，霍光到长安东郊去主持郎官和羽林军的大规模军事演习路途中，他像皇帝出行时那样的威严，吃饭时让皇帝御膳房为他提前准备饮食。其二，霍光赏罚不公，苏武出使匈奴，被拘留达二十年而不投降，回国以后只是被任用为典属国，而大将军长史杨敞没有任何功劳，却当上了搜粟都尉。其三，霍光擅自调动、增加大将军幕府的校尉，而不报告朝廷。并称燕王怀疑霍光别有企图，表示愿意交出燕王封爵，入宫值宿保护皇帝，防止奸臣作乱。这份奏章是乘霍光休假之机呈送给皇帝的。上官桀打算，从宫里把这件

事下交给主管官吏查办，桑弘羊负责和各大臣共同胁迫霍光退职。但是燕王书信上奏以后，昭帝并没有向下转发查处。

第二天早上，霍光知道了上书这件事，留在殿前西阁的画室里不肯进殿。昭帝问："大将军在哪儿？"左将军上官桀说："因为燕王告发他的罪行，所以不敢进来。"昭帝下诏叫霍光进殿。霍光进殿后，取下头上的冠帽，叩头谢罪。昭帝说："将军请戴上冠帽吧！朕知道信是假的，将军没有罪。"霍光很惊讶地问道："陛下怎么知道的呢？"昭帝说："将军去检阅郎官是近日的事。调校尉以来还不到十天，燕王远在数千里以外，怎么来得及知道呢？况且将军您一定要反，也不会在乎多一个或少一个校尉吧！"这时昭帝才 14 岁，却能如此识别贤愚，明辨是非，着实使在场的尚书及其身边的人都感到惊奇不已。这时，那上书的人果然已逃之夭夭了。皇帝命人追捕，上官桀等人害怕机密泄露，于是对昭帝说："小事不值得穷追不舍。"昭帝坚决不同意。不得已，上官桀派人把上书的人杀了，然后制造假证，说他是畏罪自杀，这件事才算告一段落。

后来，上官桀及其党羽又在昭帝面前攻击、诬陷霍光。昭帝发怒说："大将军是忠臣，先帝委托他来辅佐朕，敢有诽谤他的，要治罪！"从此以后，上官桀再也不敢再说什么了。

上官桀等人见上告的计谋不行，于是密谋叫长公主设酒席请霍光，暗伏兵士，杀掉霍光，乘势废掉昭帝，迎立燕王为天子。长公主家舍人的父亲稻田使者燕仓得知这个密谋，立即告诉他的上司大司农杨敞，杨敞畏事不敢揭发，于是告诉了杜延年，杜延年立即将此密谋报告给霍光。霍光震惊不已，当即采取断然行动。这年九月，上官桀父子、桑弘羊、丁外人等都以谋反罪被处死，并诛灭了他们的宗族。长公主、燕王旦都自杀而死。在这次激烈而残酷的权力争夺战中，霍光取得了绝对的胜利，从而也奠定了他更为坚实的政治基础，为日后推行他的政策和主张提供了有效的保障。

霍光有胆。废立皇帝事关重大，如果处理不好，一不小心不是造反，就是谋逆，结局只能是自己身首异处；霍光有识。在统一了群臣的意见后，和他们一起去谒见太后，取得太后的支持，在太后的名义下进行废帝另立的活动，最终顺利地把不称职的昌邑王废掉，这样做稳定了国内的政治形势，保障了社会经济的继续发展，出现了“吏称其职，民安其业”的汉宣帝中兴局面。

西汉元平元年(前74年)，昭帝病逝，没有儿子，武帝的六个儿子中独有广陵王刘胥在世，群臣讨论该立谁为皇帝时，都有意立广陵王。广陵王本来就是因为行为放纵、不合正道，才不被武帝选用的，所以霍光听了大家的议论后犹豫不决。这时有个郎官上书说：“周太王废黜太伯而立王季，周文王舍弃伯邑考而立武王，都是只看合适才立。即使是废黜长子而立少子也是可以的。广陵王不能继承帝位。”此话正合霍光的心意，霍光把郎官的上书拿给丞相杨敞等人看，于是把这个郎官提拔为九江太守。当天，霍光奉皇太后诏令，派遣行大鸿胪事的少府乐成、宗正德、光禄大夫吉、中郎将利汉去迎接昌邑王刘贺。

刘贺是汉武帝的孙子，是哀王的儿子。到长安后，即位为皇帝，但是他行为放纵，淫乱不堪，举动无节，政事失当。霍光见昌邑王荒淫无道，非常担忧，于是单独询问大司农田延年，这事该怎么办。田延年说：“将军是国家的柱石，既然知道这个人确实不行，为什么不向太后说明，另选贤明者加以拥立呢？”霍光很是疑惑地说：“现

在想这么办，在古代有先例吗？”田延年说：“伊尹做殷朝的相，废黜太甲来安定宗庙社稷，后世称颂他的忠诚。将军您如果能够办好这件事，也就是汉朝的伊尹啊！”霍光深以为然，又给田延年加官“给事中”。让他可以进宫议事，紧接着就与车骑将军张安世合谋，召集公卿大夫在未央宫共同议事。

会上，霍光说道：“昌邑王行为昏庸淫乱，恐怕会给国家带来危险，怎么办？”群臣全都大惊失色，谁也不敢发言，只是随声应付，不置可否而已。这时田延年离开座席走上前，按着剑慷慨陈辞道：“先帝把年幼的太子托付给将军，又把天下托付给将军，是因为将军忠诚、贤明，能保刘氏子孙的平安。现如今臣民扰乱不安，国家行将崩溃。而且汉朝历代相传，谥号里都有孝字，意思就是要长保天下太平，让祖先能享受子孙的祭祀啊！如果让汉家断绝了祭祀，等将军死了，他又拿什么脸面到地下去见先帝呢！”接着他又带着威胁的口吻说：“今天的讨论，不能有一会儿的耽搁。群臣中有谁赞成得晚一些，就请让我杀了他！”霍光谢罪说：“九卿对我的责备是正确的。天下人心浮动，议论纷纷，我应当受到责备。”于是参加会议的大臣都叩头说：“百姓的命运都在将军一个人身上了，我们都只听将军的安排。”

会议当即停止，霍光立即率群臣一起去谒见太后，并向太后详细禀告了会议的情况，并认为昌邑王荒淫迷惑，失掉了帝王礼仪，扰乱了汉家制度，不能继承帝位。皇太后对昌邑王的行为也很不满，现在霍光等人有意废黜昌邑王，她没有任何异议，当即表示同意和支持。

不久，昌邑王就被遣送回昌邑，成为一个普通的人。仅仅只有

27天，他就从位极天尊的皇帝宝座上跌落，成为一个默默无闻的平民百姓。

昌邑王被废后，霍光与车骑将军张安世商议迎立新君，并在掖庭中会集丞相以下官员讨论确立人选。当时武帝的子孙中，齐王早死，没有儿子；广陵王刘胥已经在之前决定不用了；燕王刘旦由于谋反而自杀，他的子孙不在考虑范围之内，近亲唯有戾太子的孙子流落民间，叫刘询，民间都称赞他好。这时，光禄大夫丙吉上书说，皇曾孙已有十八九岁了，而且通经术，为人节俭，慈仁爱人，请求霍光拥立他。杜延年也认为皇曾孙德行美好，力劝霍光、张安世拥立。霍光采纳了他们的意见。在这年九月，霍光会同公卿大臣上奏太后立皇曾孙为帝，皇太后下诏同意了。

霍光于是派宗正刘德到皇曾孙的家乡去，让皇曾孙梳洗干净，然后给他皇宫里的衣服。太仆驾车来迎接皇曾孙，到宗正府举行斋戒，进未央宫谒见皇太后，被封为阳武侯。过了不久，霍光捧上皇帝的玺绶，皇曾孙在拜谒高祖庙后正式即位，是为汉宣帝。

权力是一把双刃剑，既可伤人，也能害己。霍光作为顾命大臣之首，拥有至高无上的权力，但他没有滥用权力。尽管他也曾以高压手段坚决打击了向他挑战的对手，因为坚持原则，他并没有因此受到过多的非议。从这一点上来讲，作为一个权臣，霍光是成功的。

董宣：让我向豪强低头，门都没有

董宣身为封建社会一官吏，却能坚持做到秉公执法时将法堂置于至高地位，难能可贵，作为一官职卑微的洛阳县令，却敢于和皇亲国戚对簿于朝堂之上，这精神尤为后人敬佩。无论是清平盛世，还是乱世，人民都希望有公正廉明的执法者出现，有了像董宣这样的执法者，人民才有安宁和舒适的生活。也因此，董宣才受到历代人民的赞扬。

汉朝承接战国及秦末动乱不安的时代，影响所及，民多豪猾。那些以大吞小的跨越邦邑，矫健桀骜的就在乡里称王称霸。做州郡守宰，辖地辽阔，户口又多，所以做官的得以独断专行、族灭奸宄、先斩后奏，逞其刚烈之气，成其不屈之威。

公孙丹新建住宅，占卜的认为一定会有人死去，公孙丹于是让儿子杀了过路的行人，把尸体放在屋里，来抵挡他的灾祸。董宣知道了，便把公孙丹之子逮捕杀掉。公孙丹宗族和亲信三十多人，拿着兵器到董宣官府，喊冤叫屈，董宣认为公孙丹以前曾经投靠过王莽，担心他们跟海贼串通，就全部逮捕起来，囚在县监狱里，派门下书佐水丘岑把他们统统杀死。青州刺史认为他杀得太多，向皇帝上书告发董宣，考查他的罪状，董宣获罪被征召到廷尉。董宣在监狱里，早晚讽诵诗文，无忧色。到出狱受刑的时候，官属做了饭菜送他。董宣厉色说：“我董宣生平没有吃过别人的东西，何况在死的时候呢？”后上车而去。当时一起受刑的九人，第二个轮到董宣。光武帝急忙派侍从骑士赶去，只赦免了董宣的死刑，并且命令他回到监狱里去。皇帝派使者审问董宣多杀无辜的情况，董宣用全部事实回答使者，并说水丘岑是按他的意思办事，罪不在他。愿意杀掉自己，而使水丘岑活下来。使者把这些情况告诉了光武皇帝，光武皇帝下诏将董宣降为怀县县令，令青州刺史不再查究水丘岑的罪行。水丘岑的官升到司隶校尉。

后来江夏郡有巨贼夏喜等侵扰郡境。朝廷任命董宣为江夏太守。董宣到了江夏郡边界，发布文书说：“朝廷认为本太守能够捉拿奸贼，故接受了这个任务。现在在江夏郡界统率兵马，檄文到达之日，希望你们考虑自己的下场。”夏喜等听了，心里害怕，立即投降解散。外戚阴氏是江夏郡都尉，董宣轻视侮慢他，因此事而被免职。

后来朝廷特征召董宣为洛阳县令。当时湖阳公主的奴仆白天行凶杀人，因为躲在公主家里，官吏不能去抓他。等到湖阳公主外出时，却用这个杀人的奴仆作陪乘。董宣在夏门亭等候湖阳公主，截住公主的车，拦住公主的马，用刀画地为界，令其停车。大声列举公主的过错，令那个奴仆下车，格杀了他。湖阳公主立即还宫告诉了光武皇帝，光武皇帝大怒，召见董宣，想用棍打死他。董宣叩头说：“我请求说一句话再死。”光武皇帝说：“想说什么？”董宣说：“陛下圣德中兴汉朝，却放纵奴仆杀害良民，将怎样治理天下呢？我不用棍打，请让我自杀吧。”说完他就用头碰撞柱子，血流满面。皇

帝命令小黄门扶持着他，让董宣向公主叩头谢罪，董宣不从，小黄门强迫他叩头，董宣两手据地，始终不肯低头。公主说：“文叔当百姓时，隐藏逃犯和犯了死罪的人，官吏也不敢上门捉拿。现在做了天子，你的权威却不能加于一个县令吗？”光武帝笑着说：“天子不能同老百姓一样。”便命令这个硬脖子县令出去。赐给董宣三十万钱，董宣全给了手下的官吏们。从此，董宣打击豪强，对方没有不震惊发抖的，京师百姓称他为“卧虎”，唱歌表扬他说：“董宣衙前无冤鼓。”

董宣任洛阳县令五年，74岁死在任上，皇帝下诏派使者到他家里看视，只见用布被盖了尸体，妻子儿女对着哭泣。家中仅有几斛大麦，一辆破车。光武帝悲伤地说：“董宣做官廉洁，死了才知道啊！”

第五卷　红颜篇

红粉如花满春殿，只今惟有鹧鸪飞

在历史长河中，正是因为有了那些女性美丽而生动的身影，历史才具有了知性的美感与理性的资鉴。历史脉络因她们温柔的力度而清晰可见。历史因她们而生动，因她们而传奇。在君权与夫权并重的两汉时代，那些佳丽们虽说只是作为男人的附庸而存在，但她们离奇跌宕的身世和不可复制的命运，又无不是一个时代历史的精彩缩影。

窦漪：文景之治背后的女人

窦太后名漪，河北清河郡人，汉文帝后，在武帝前期成为西汉的实际决策者，笃信黄老之学，也是中华帝国最后一位拥附“黄老思想”的统治者。在她的影响下，西汉政权继续实行“以民生息”“无为而治”的精神，把汉王朝推上了强盛的高峰。去世后，与文帝合葬灞陵。

窦后从小失去母亲，秦朝末年战乱期间，父亲又不幸去世，留下窦后和一个哥哥，一个弟弟。哥哥叫窦建国，字长君；弟弟叫窦广国，字少君。三人孤苦伶仃，相依为命，艰难度日，生活十分悲惨。秦末汉初兵荒马乱，狼烟四起，百姓流离失所，民不聊生，窦氏与兄弟二人，几乎不能自存。一年初秋，家里的粮食全部吃光了，小窦漪一看没有米下锅了，突然哇哇大哭起来。大哥窦建国先是把妹妹的头揽在怀里，一番安慰，然后跑出家门，把地里原本可以长到比拳头还大，等到秋后才能成熟，现在刚刚长到手指大小的红薯挖了回来。小窦漪一看，也跑到地里，把哥哥刚才拔出的红薯秧捡回家。红薯当干粮，秧子当菜，吃着吃着，他们同时大笑起来。几天的工夫，他们就把地里的红薯吃得精光。这可是成熟以后他们全家一年的口粮呀!

这时，朝廷在民间挑选宫女进宫，正好来到这个村，窦漪便去应选。挑选的官看小窦漪虽然面黄肌瘦，但是透露着天资聪明的贵人之相，因此被选入汉宫。

汉初吕氏执政时期，窦漪被选入宫，做了一名普通的宫女。进宫之后，生活自然比以前好了很多，不仅有吃的，宫里还统一着装，发了衣服。窦漪认为，这和从前比，真是有天壤之别。日子一天天过去，窦漪原本以为会在长安宫中默默无闻地度过自己的一生。她没想到，这时吕氏挑选宫中的宫女赏赐给当时的诸侯王，各地的诸侯王每人可以得到五个宫女，窦漪的名字也在选送名册之列。因为窦漪的老家在河北清河，当时属于赵国，所以远离家乡的窦漪就特别想借这次机会被分到赵国，这样就可以离家近点。其实，离老家远近已经没有必要考虑，因为父母早亡，两个兄弟在她离家的同时，也一起逃荒到了外地。

可是，窦漪还是这么想，似乎离家近了就亲切，就安心。于是窦漪就央求主管分配的宦官，说："请你把我分配到赵国吧!"当时，负责分配的宦官也答应了。可是在分配时，负责的宦官就偏偏忘了窦漪的嘱托，将窦漪的名字写到了分配去代国的名册中。

窦漪不愿意到代国去，因为当时的代国邻近匈奴，在今天的山西地界，这样窦漪不是离家近了，而是离家更远了。然而，这一切已经决定，不可改变了。从那天起，窦漪痛哭流涕，以泪洗面，心里一万个不愿意，但还是在执行官吏强行逼迫下，心不甘、情不愿地踏上了去代国的道路。

窦漪等五名宫女分到代国后，只有窦漪得到代王刘恒的宠幸。

没过多久窦漪生了一个女儿刘漂；生了长子刘启，也就是后来的汉景帝；后又生了儿子刘武，就是后来的梁孝王。代王刘恒，也就是后来的汉文帝即位后，立刘启为太子。母凭子贵，窦姬也被立为皇后。

窦后干预朝政体现在她干涉景帝立储这件事上。梁王刘武是窦后的幼子，即汉景帝的弟弟。窦后非常疼爱刘武，认为刘武不仅谦德谨让，孝道为先，而且有雄才大略，以后能安邦定国，因此非常希望景帝能同意其百年之后由弟弟梁王继承皇位。

景帝即位头三年没有立太子，迫于母亲的愿望，一天宴饮时景帝对梁孝王说，我死后由你来继位，梁孝王表面辞谢，心里很高兴，窦太后当然更是喜欢。可是在座的太后堂侄窦婴说："天下者，高祖天下，父子相传，此汉之约也，上何以擅传梁王？"他表示反对，把窦后气得不认他为亲戚，但他的话打动了景帝的心，遂于公元前153年立儿子刘荣为皇太子，封另一个儿子刘彻（即后来的汉武帝）为胶东王。但在三年后，又把皇太子刘荣废黜了。窦后一见机会来了，又劝景帝立梁王为储。

一日，窦太后召宴景帝、梁孝王兄弟，太后说殷朝兄终弟及，周朝父子相继，道理是一样的，景帝千秋后，让梁孝王来继承。景帝只得答应，于宴会后向大臣袁盎征求意见，袁盎说："太后的意思还是立梁王为储，我认为大错特错。春秋时代宋国哥哥把皇位传给弟弟，最终酿成内乱，我们要引以为戒呀！"景帝听了，却不能回决。袁盎就亲自拜见窦后，问窦太后，若梁孝王死了，再立谁？回答立景帝的儿子。袁盎说那样国家就会出乱子，太后这才没话可说，景帝遂立刘彻为太子。梁孝王也不敢再让太后给他说话，就归国了。

但他对此事没有死心。他派人刺杀反对立他为储的朝臣袁盎等人，没有成功，反而暴露了阴谋，引起景帝的怨恨。梁王十分害怕，通过姐姐馆陶长公主向母后说情，取得窦太后、景帝的谅解，允许他入朝。他听从一个谋士的建议，入关后轻车简从，躲进馆陶长公主的园子里。景帝派人出关迎接，只见车骑，而找不到梁孝王，事情传到宫内，窦太后急坏了，以为景帝把梁孝王暗杀了，大哭大闹，说皇帝杀了我儿子。景帝受此冤屈，又不知弟弟在哪里，也着实焦急和恐惧。但是梁孝王突然负薪至圈下请罪，太后、景帝见到了非常高兴，抱头痛哭，和好了。但景帝对弟弟演出的这场闹剧很不满意，感情上回不过来，不再像以前出入同辇了。待到后来梁孝王死，窦太后悲伤到了极点，不吃饭，说皇帝果然把我儿子杀了。景帝见母亲绝食，既难过又害怕，同姐姐馆陶长公主商量，决定把梁国分为五国，给梁孝王的五个儿子，另给他五个女儿汤沐邑，窦太后这才高兴，恢复了饮食。

窦漪从一个贫苦无依的宫女，成为母仪天下的汉朝皇后、皇太后、太皇太后。纵观窦漪的成功背后，其主要得益于：

1. 中国古代社会“子以母贵，母以子贵”的传统。窦后的绝对优势在于其他的妃子没有生子，只有她生下两儿一女。她一直恪守妇德，谦恭贤淑，失宠后地位也没动摇。

2. 以“黄老”治国，排除儒术，干预朝政，打击政敌，把政权牢牢掌握在自己的手里。

3. 汉朝是个讲忠孝的朝代，“汉家旧典，尊崇母氏”。汉代统治者十分注重“以孝治天下”，认为孝是做人之本，礼之始。

所以，无论儿子，还是孙子，都非常尊重她的政治主张和政治

策略。

窦后的一生尊贵无比，汉朝朝廷内外无人敢违背她的意愿，窦后也得以频频干涉政务。她的政治主张和政治策略是以“黄老”治国，与儿子汉景帝、孙子汉武帝的儒家思想发生冲突，但当时的儒术不得不屈尊“黄老”。汉朝建立以后，以前朝为戒，积极吸取秦灭亡的教训，推行“休养生息、黄老无为”的思想，这对促进汉初经济恢复，社会发展有重要作用。窦后是“黄老”思想的坚决贯彻落实者，也是继承发展者，她主张在清静无为的环境中恢复和发展经济。景帝和太子时期的刘彻，以及窦氏外戚在窦后活着时都不得不读“黄老”的书籍，窦后亲自找来“黄老”的大量书籍，让儿子汉景帝、孙子汉武帝以及外戚们通读。她有时要检查他们的读书情况，看他们是否读懂了，是否领悟了，是否理论联系实际了等。所以，汉朝当时是在独尊“黄老”之术的政治高压下发展经济的。但是，当汉朝经历几十年的恢复和振兴，情况已经和汉初有所不同时，独尊黄老之术显然是不合时宜了。

有这么一件事，窦后喜好老子的书，爱不释手，经常彻夜通读。景帝时期，窦后把博士儒生辕固生找来，问他：“老子的思想博大精深，其书精辟，妙不可言，先生你认为如何？”辕固生知道窦后想让他赞扬老子的思想，但辕固生不屑一顾，颇为轻视地说：“此是家人言耳。”窦后听了大怒：“真是连猪都不如的腐儒。来人，把辕固生扔到野猪圈里喂野猪！”于是，命人将辕固生与野猪关在一起，想让野猪咬死辕固生。景帝知道了，立即让人拿锋利的兵器给他。辕固生也技艺高超，见野猪向他猛扑过来，他拿出利刃，一下子就刺中野猪的心脏，把野猪刺死。窦后见辕固生没有被野猪咬死，也没有办法，不再继续加害辕固生，只是罢免了辕固生的官职。

景帝时，因为窦太后好黄老，而阻碍了许多儒生的进仕之路，也扼杀了儒家的思想。汉景帝和汉武帝都是有名的政治家，都不满足于现状，都很想有所作为，通过改革发展社会经济。特别是在武帝统治初期，因为武帝欣赏儒家，锐意进取，大胆改革，与尊崇“黄老”的祖母窦后曾经直接发生冲突。这种冲突关系到国家的前途和命运，最终还是以窦后的胜利而告终。汉武帝一生，雄才大略，性格极为张扬。但在早年，却得不到大权在握的祖母的认可和支持，不得不屈服于祖母窦后的权威。窦后死后，汉武帝提出“罢黜百家，独尊儒术”的治国策略，汉武雄风的大旗才正式树起。

冯嫽：谁说女子不能当使节

在封建社会里，妇女被剥夺了参加政治活动的权力，许多人才都被埋没了，只是在个别情况下，有的妇女才得以施展才干。西汉时的冯嫽就是这样，她几次被朝廷任命为正式使节，出使西域，是我国最早的女使节。

汉武帝时，汉朝对长期南下侵扰的匈奴，接连进行了大规模的军事反击。同时，为了结成对抗匈奴的联盟，又与西域诸国中最强

大的乌孙国（在今新疆伊犁河流域）联姻。解忧公主就是在这种情况下嫁给了乌孙的国王。解忧公主的随行侍者冯嫽，嫁给了乌孙权位很高的右大将。冯嫽胆识过人，才干出众，很会处理官方文书，既熟悉汉朝事务，又了解西域诸国风情，在西域诸国享有一定的声望，被当地人尊称为“冯夫人”。

汉昭帝末年到宣帝初年，匈奴屡侵乌孙，汉朝与乌孙合兵反击，大败匈奴。不久，乌孙国王去世，国内发生混乱。原国王的匈奴夫人生的儿子乌就屠，杀了新即位的国王，聚集一部分人马上了北山，并扬言要请匈奴兵来乌孙。这样，汉与乌孙对抗匈奴的联盟行将破裂。为此，汉朝派一万五千士兵进驻敦煌，密切注视着乌孙的动向。汉朝负责管理西域的长官西域都护郑吉，熟悉乌孙的情况，知道冯嫽的丈夫右大将与乌就屠关系很好，又了解冯嫽的才干，便请冯嫽去劝说乌就屠。为了维护汉与乌孙的团结，冯嫽慨然上路，不顾生命危险，亲至北山面见乌就屠，向他晓之以理，陈说利害；加上汉朝大军的威慑和国内人民的反对，乌就屠不得不开始转变。他请冯嫽从中斡旋，并希望汉朝加给他一个封号。汉宣帝得知此事后，征召冯嫽万里入朝，当面向她了解乌孙的情况。冯嫽侃侃而谈，透彻地陈述了自己的见解。宣帝对她十分器重，正式任命她为出使乌孙的使节。

冯嫽作为汉朝的使节，乘锦车，持汉节，率领副使和随从人员从都城长安出发，前往乌孙。到乌孙后，冯嫽代表皇帝，诏令乌就屠前来，正式册立解忧公主的儿子元贵靡为“大昆弥”（昆弥即国王），乌就屠为“小昆弥”，并赐二人金印绶带。至此，乌孙的动乱得到了圆满解决，汉与乌孙的联盟得到恢复，冯嫽出色地完成了出使任务。

宣帝甘露三年（前 51 年），因解忧公主年老，思归故土，冯嫽随同她一起返回都城长安。这时，乌孙大昆弥元贵靡的儿子星靡代行大昆弥事，由于星靡性情怯弱，国内又不稳定，冯嫽为此上书皇帝，请求再次出使乌孙。于是，已经年逾花甲的冯嫽，为了巩固汉与乌孙的联盟，又一次以汉朝使节的身份，不辞辛苦，踏上万里西行的征程。

冯嫽作为一个女子，几次被朝廷任命为正式使节，出使异邦，这种情况在几千年的封建社会中，是绝无仅有的。她为了加强汉族同西域少数民族的团结，可以说贡献了毕生精力，在民族团结史上，写下了光辉的一页。

卓文君：汉朝第一私奔的名媛

卓文君，汉代才女，西汉临邛人，与汉代著名文人司马相如的一段爱情佳话至今还被人津津乐道，也有不少佳作流传后世。

《史记·司马相如列传》记载，临邛有一富家卓王孙之女文君新寡，爱慕司马相如，与之私奔到四川成都。因家徒四壁，文君家开始又不予资助，两人复回临邛，尽卖其车骑后，买了一酒舍酤酒。

文君当垆，司马相如也与保庸杂作，涤器于市中。这个故事后来成为夫妇爱情坚贞不渝的佳话。

历史上临邛为酿酒之乡，名酒辈出。文君酒成为历史名酒，唐代罗隐的《桃花》诗曰：“数枝艳拂文君酒。”传说中还有“文君井”，陆游《文君井》诗曰：“落魄西州泥酒杯，酒酣几度上琴台，青鞋自笑无羁束，又向文君井畔来。”

司马相如，字长卿，蜀郡成都人。少时好读书，尤攻词赋，深受父母宠爱。长大以后，因为羡慕战国时赵国大臣蔺相如的君子之风，遂把自己的名字改为相如。他年轻时曾在官学任教，后往游长安，入朝为官，任武骑常侍。他虽也练过几番击剑，但毕竟不是行武中人。因此，担任武职，不但屈了他的才，也有违他的心愿。时值汉景帝刘启在位，对吟词作赋很不重视。有一回，受封于梁的梁孝王刘武来京朝见景帝。梁孝王一向喜好宾客，结交文士。跟梁孝王一起来京的还有邹阳、枚乘等人，都是当时名声显赫的文学大家。司马相如和他们结交以后，十分欣赏他们的文才，于是向景帝托病辞官，随同梁孝王和他的门客一起到了梁国。梁孝王建有名园——梁园，他常在园中和宾客们谈词论赋。一次，司马相如写了一篇《玉如意赋》，梁王阅后，十分欣赏，还赐给他一张贵重的琴，名为“绿绮琴”，上面刻着四个精美的铭文：“桐梓合精”。《子虚赋》便是这段时间写成的，四处传诵，享誉一时。

相如在梁国住了几年，不幸的是，梁王得病而亡。相如一下子失去了依托，只好回到老家。此番回来，绝非是衣锦还乡。而且他家家道衰落，空空如也，父母早已亡故，生活难以为继。相如与临邛县令王吉相友善，于是前往他家做客，住在城边的亭舍中。王吉因赏识他的才华，对他还算敬重。

临邛一带的富豪，首推卓王孙。卓家蓄养的家僮数以百计，良田美宅无数。卓王孙有一个女儿，便是大名鼎鼎的卓文君。卓文君面目姣好，眉色如望远山，脸际常若芙蓉，肌肤柔滑如脂，是临邛一带出了名的美女。她不仅长得漂亮，而且很有才学，精通音乐，擅长弹琴弄曲。当时只有 17 岁，恰处妙龄。可是，命运却不济，婚后不久丈夫亡故，此时正在娘家寡居。

卓王孙是个势利小人，平素最喜欢攀权附贵，与王吉县令处得不错。他见王吉对司马相如非同一般，判定县令的客人一定身份很高，于是备下丰盛的宴席，邀请县令和司马相如到家中做客。司马相如因与卓王孙素无交往，便想称病推辞，无奈卓王孙再三相请，只得带上珍贵的绿绮琴来到卓家。

宾客约有百余人，但多是些官吏富豪，司马相如往席间一坐，马上就显出与众不同的风度来。他那雍容文雅、潇洒风流的神采，令满堂生辉，众人无不为之倾倒。

酒过三巡、菜过五味之后，大家都已有了几分醉意。王吉心想：今天宾客云集，何不让相如施展一番，让这些人也见识见识我朋友的才华？想到这儿，他端起酒杯，走到司马相如跟前，说道："今天大家都很快活，我早听说你的琴声悠扬，词赋高雅，你又带了琴来，为我们弹上一曲以助酒兴，如何？"司马相如不好推辞，于是抚琴调弦，弹了起来。他的指法灵活，琴声悦耳。卓王孙等人，尽是些庸俗势利的富豪，胸无点墨，更不懂什么音乐艺术，只是故作高雅。他们看见王吉那个摇头晃脑的样子，也齐声喝彩。

司马相如弹兴正浓，忽闻屏后有环佩之声，留心窥看，原来是

卓王孙之女卓文君在屏后偷听。卓文君对司马相如的名字早有耳闻，知道这位才子今天正在自己家中做客，但又不便出来见面，只好坐在内室听外面的动静。相如一弹琴，她一听那琴声，或如行云流水，或如凤凰和鸣，声声动人心弦，情不自禁缓步潜立于屏后。当她从屏缝中窥见相如的风姿，越发为他的风度、才情所吸引。司马相如发现卓文君偷听之后，琴弹得更加卖力。他早已听说文君的才貌出众，对她新近的遭遇也略知一二。于是，一曲终了，他又弹起第二支曲子，边弹边唱：

凤兮凤兮归故乡，遨游四海求其凰。时未遇兮无所将，何悟今夕升斯堂。有艳淑女在闺房，室迩人遐毒我肠。何缘交颈为鸳鸯，相颉颃兮共翱翔。

凰兮凰兮从我栖，得托孳尾永为妃。交情通意心和谐，中夜相从知者谁？双翼俱起翻高飞，无感我思使余悲！

文君是何等聪明的人物，她侧耳静听，很快就听出了曲调中的寓意，更听出了司马相如的弦外之音，不觉大为感动，只担心自己配不上他。

酒席散后，客人纷纷告辞。司马相如备下厚礼，让人送给卓文君左右的侍从，求他们转达自己对文君的爱慕之情。卓文君反复思量，如果明媒正娶，司马相如不是显贵，父亲断然不会应允。可是一旦错过良机，自己将饮恨终身。焦急中，她猛然记起《凤求凰》中，有“中夜相从”一语。于是，当夜见家人安歇之后，偷偷溜出家门，私奔往司马相如的住处，司马相如一见文君到来，不仅为她的姿色所动，更因她的勇敢而敬佩，连夜备下车马，日夜兼程返回成都。

卓王孙闻讯后，鼻子都气歪了，心想：我真是引狼入室啊！他愤愤地说："文君竟然胆大包天，不顾廉耻，我虽不忍心杀她，但也休想从我这取走分文。"文君和相如在成都待了一段时间后，家徒四壁，穷困潦倒。有一天，相如取出自己心爱的一件裘皮衣服，到酒店里换来一些酒食，两人一起借酒消愁。文君不无悲哀地慨叹道："我向来过着富裕奢华的生活，想不到今日却要去用衣服赊酒来喝！"尽管如此，文君并不觉得后悔，只要能与相如在一起，她什么苦都可以吃。

因为生计问题，他们又不得不返回临邛。虽已至此地步，文君并未向父亲伸手要钱。他们卖掉车马，凑了几个钱，开了一家小酒店。司马相如一扫文人的斯文，自己当酒保，穿着犊鼻裈，提壶洗碗，做杂活。文君则淡妆素抹，亲自当垆卖酒。一个文人，一个才女，落魄到如此地步。临邛的人谁不知道文君是卓王孙的女儿呢？人们议论纷纷，都指责卓王孙薄情寡义。卓王孙是又羞又恼，羞的是女儿违背父命与人私奔；恼的是女儿竟敢回到自己眼皮子底下，丢人现眼。于是，他索性大门紧闭，深居简出。

卓王孙的兄弟知道这个情况后，便赶来劝他："你不过生了两儿一女，文君少年丧偶，如今找到相如这样的才子，你应该高兴才是。相如也曾是官场中人，只是一时落魄，保不准他日后就有出头之日！况且他又是县令的好友，怎好这般屈辱于他呢？再者，女儿当垆卖酒，你这临邛首富脸上无光啊！"卓王孙无奈之下，只好分给文君奴仆百人，金钱百万，并将她当初出嫁的衣物全部给她。就这样，文君与司马相如满载而归，从临邛又回到成都，置田宅，购园圃，过上了富足的生活。

《槲环记》中有这样一则趣闻。县令王吉一天梦见一膨蟆在都亭学人语说道："明天住在此处。"王吉很觉怪异，第二天便派人在都亭等候，正巧司马相如来访。因而，天下人都把膨蟆称为长卿。而卓文君呢，一辈子再也没有吃过膨蟆这种东西。

后来，汉景帝去世，武帝刘彻即位。侍从杨得意也是蜀郡人，他向刘彻推荐了司马相如早年所写的《子虚赋》。武帝读罢，深感此赋是传世之作，忙问作者是谁。杨得意说："蜀郡人氏司马相如所作。"武帝当即召见司马相如，见他仪表不凡，封他做了郎官，即帝王的侍从官。数年后，武帝又拜他为中郎将，代表朝廷持节赴蜀，通使西南诸部落，招抚为汉朝蜀国，按汉制设置郡、县，由朝廷派官协助管理。

相如作为朝廷命官一入蜀郡，太守以下俱出郊远迎，县令亲自背着弓箭骑马在头前开路。卓王孙也一反常态，不计前嫌，争献牛酒。他看到司马相如一朝得势，衣锦还乡，声威显赫，冠盖辉煌，不禁怅然长叹，恨自己当年有眼无珠，更恨自己嫁文君于相如太晚。于是，他按照与儿子一样的数目重新分给文君一份家产。

几个月后，司马相如完成了安抚西南诸部落的任务，回到京城。汉武帝非常满意，拜司马相如为孝文园令。从此，司马相如官高爵显，家仆满门，生活优裕，与往日大不相同。

司马相如久居京城，赏尽风尘美女，加上官场得意，竟然产生了弃妻纳妾之意。曾经患难与共，情深意笃的日子此刻早已忘却，哪里还记得千里之外还有一位日夜思念丈夫的妻子。

终于某日，司马相如给妻子送出了一封十三字的信：一二三四五六七八九十百千万。聪明的卓文君读后，泪流满面。一行数字中唯独少了一个“亿”，“无亿”岂不是表示夫君对自己“无意”的暗示？她心凉如水，怀着十分悲痛的心情，回了一封《怨郎诗》。司马相如看完妻子的信，惊叹妻子之才华横溢，遥想昔日夫妻恩爱之情，不禁羞愧万分。

汉武帝元鼎二年，年已六旬的司马相如告老辞官，移家茂陵，修了一座大花园，清幽雅致。司马相如经常徜徉其间，吟诗作赋，饮酒赏花，安享山林泉下之乐。不过有一事使他常感不快，那就是文君额添皱纹，两鬓如霜，羞对灼灼桃花、盈盈莲荷，见了不免有些令人生厌。日子一长，他对文君又有些冷淡了。这时茂陵有个商人的女儿，正当豆蔻年华，有沉鱼落雁之容，闭月羞花之貌，更兼能歌善舞，又会写诗作画。求婚者摩肩接踵，不绝于门，商人均相不中，一概回绝。司马相如闻知消息后，便托人重礼登门求婚，欲纳为妾，商人虽嫌相如是白头老翁，却又爱其才学地位，不顾其女反对，慨然答应。相如十分高兴，只待良辰吉日，准备迎娶。

司马相如的所作所为，可苦了卓文君。自从移家茂陵之后，文君即感相如日渐冷淡。这会儿又听说相如有意纳妾，她既恼怒，又伤心，回想往事，禁不住泪流满面。她望着铜镜中自己的满头白发，满脸皱纹，深感年华易逝，岁月无情，老了竟遭良人冷遇，这心底的怨愤如何能平？她提起笔来，写了一首《白头吟》：

皑如山上雪，皎若云间月。
闻君有两意，故来相决绝。
今日斗酒会，明旦沟水头。
躞蹀御沟上，沟水东西流。
凄凄复凄凄，嫁娶不须啼。

愿得一心人，白头不相离。

竹竿何袅袅，鱼尾何徒徒。

男儿重意气，何用钱刀为！

司马相如读到这首诗后，就像一条鞭子抽在自己身上一般。他想起月夜私奔、文君当垆的往事，想起文君平时对自己温存体贴的种种好处，想起两人共同吟诗作赋的美好日子，觉得自己对不起文君，深感惭愧。他暗下决心：一定及早派人去退亲，今后再不娶妾，誓与文君白头偕老，共度余生。他满怀内疚，带着自责对文君说："文君，我对不起你！看在多年夫妻的份儿上，你饶恕我吧！"文君见他确有惭愧自责之意，便原谅了他，两人和好如初。

卓文君，一个有思想、有勇气、敢爱敢恨的才女，她敢爱，敢于违抗父命为自己争取幸福；她会爱，用自己的智慧挽回了丈夫的感情。她与司马相如的婚姻也历经了七年之痒的考验，感情由浓烈转为平淡。在丈夫有外心的时候，她没有忍气吞声顾影自怜，而是以其才智作诗赋劝感丈夫，一首《白头吟》，"闻君有二意，故来相决绝。愿得一心人，白头不相离……"表达了她对爱情的执着和向往以及一个女子独特的坚定和坚韧，也为他们的故事增添了几分美丽的哀伤。卓文君以她的聪明心智和绝代才华，用心经营着自己的爱情和婚姻，终于苦尽甘来。他们之间最终没有背弃最初的爱恋和最后的坚守，这也使得他们的故事千回百转。这一点，不仅在古时候非常不易，就是在现代，也是令人钦佩的。

卓文君是我国第一个勇敢冲破封建礼教束缚的女性。她敢于反抗父命，追求爱情，坚持爱情专一，反对一夫多妻，这在两千多年的封建社会中是极为罕见的，她是我国古代女性中的一个光辉形象。

王昭君：皇帝不要我，我就嫁单于

建昭元年，汉元帝下诏征集天下美女，以补充后宫。当时出身平民的王昭君年当十八，被选入宫。从全国各地挑选入宫的美女数以千计，皇帝无法一一召见，首先由画工毛延寿各画肖像一幅呈奉御览。当时，要想得到皇帝的宠幸，巴结画工毛延寿非常重要，有时甚至是决定因素。出身富贵人家，或京城有亲友支持的，无不运用各种渠道贿赂画工。王昭君初入宫廷，不懂这些规矩，再加上自认为美貌，不愁皇上不召见。据说，画工毛延寿在画王昭君时，曾向她暗示索要贿金，但王昭君没有搭理他，反而讥讽了他，毛延寿见王昭君如此傲慢，便把那该点到眼睛上的丹青，点到脸上。等到汉元帝看到王昭君的画像时，以为她是个不实在的女人，十分讨厌她。王昭君失去了一次绝好的机会，五年过去了，她仍是个待诏的宫女。

在五年的时间里，王昭君除了担负一些宫中的轻便工作之外，有很多的余暇来读书写字，唱歌跳舞，研习音律与绘画，不断充实自己，磨炼自己。然而午夜梦回，她不免备感凄清与孤寂。别无选择之下，王昭君只好无声无息地打发漫漫的长夜和白昼。

然而，到了竟宁元年，南匈奴单于呼韩邪前来朝见，王昭君的命运无意间有了翻天覆地的变化。呼韩邪携带大批皮毛及骏马作为贡品来到长安，对汉元帝十分有礼。汉元帝大为高兴，大摆筵席，招待这位远道而来的“贵宾”。席中呼韩邪提出“愿为天朝之婿”的请求，汉元帝一听颇为高兴，想以此拴住呼韩邪这匹野马。在这个历史当口，王昭君自愿请求担当这份使命。历史选择了她，在得到双方的同意后，王昭君成为第一位出身平民的“和亲”大使。

临行之日，王昭君戎装打扮，妩媚中更见英爽之气。她面向未央宫拜别了天子，带着一种异样的感情，看了长安最后一眼，怀抱着琵琶上马而去。匈奴人马和朝廷派出的护卫组成的队伍，浩浩荡荡地经过长安大街，沿途万人空巷，争睹昭君风采，场面十分热闹。眼看如此风情万种的美人，离开繁华的长安城，前往荒凉的胡地，陪伴一个垂垂老矣的匈奴单于，人们无不为之磋叹不已。王昭君出了长安北门，渐行渐远，黯然神伤。随行的乐师们，一路上弹奏着琵琶，以慰藉王昭君的离愁别恨，声声令人肝肠寸断，回望长安，已经了无踪影。

出了雁门关，匈奴大队的骑士、毡车、胡姬前来迎接，万里荒漠出现一道亮丽风景。到达匈奴王廷，只见牛羊遍地，青草无边。到了傍晚，一座座帐篷中，张灯结彩，呼韩邪单于封她为宁胡阏氏（皇后）。

这是一桩政治婚姻，昭君不过是汉元帝羁縻匈奴的一个筹码而已。汉朝一共有九位女子和亲，多不是天子之女，不是迫不得已，谁愿远嫁异域？昭君虽然是自愿请行，但那是因为“数岁不得见御”，愤而反抗的一种方式。昭君从繁华热闹的中原乍到气候严寒的漠北，习俗迥异，语言不通，再加上呼韩邪年龄比她大一倍还多，两人不可能萍水相逢便一见钟情。但呼韩邪单于自得汉廷绝色美人之后，心中大为高兴，对她百般迁就，万般爱抚，处处博取她的欢心，也让她备感安慰。

王昭君出塞以后，汉元帝依照她临别时的要求，把她的父母兄弟一起接到长安，赐宅赐田，妥善安置。呼韩邪单于派使者送往汉朝大批玉器、珠宝及骏马，以报答汉天子的特别恩典，甚至上书愿保境安民，请罢边弓卒，以休天子之民。

就在王昭君抵达匈奴王廷三个月后，汉元帝崩逝。第二年，即汉成帝建始元年，王昭君为呼韩邪单于生下一子，取名伊屠智伢师，封为右日逐王，又过了一年，年迈的呼韩邪去世，这年王昭君24岁。

大阏氏的长子雕陶莫皋继承了单于的王位，依照匈奴的礼俗，王昭君成了雕陶莫皋的妻子。年轻的单于对王昭君更加怜爱，夫妻生活十分恩爱甜蜜、和谐，接连生下两个女儿，长女叫云，次女叫当，后来分别嫁给匈奴贵族。雕陶莫皋与王昭君过了几年的夫妻生活后去世，这时是汉成帝鸿嘉元年，王昭君已经35岁，正是绚烂的盛年，不必再有婚姻的绊系，能够参与匈奴的政治活动，对于匈奴与汉廷的友好关系，着实起到了不少沟通与调和的作用。正因为这层关系，王昭君的兄弟被朝廷封为侯爵，多次奉命出使匈奴，与妹妹见面，王昭君的两个女儿也曾到长安，还入宫侍候过太皇太后。

据敦煌发现的唐代《王昭君变文》记载，昭君去世后，埋葬仪式按匈奴习俗进行，非常隆重。汉哀帝也差使臣前往单于处吊唁。隆重的葬仪，反映了匈奴对昭君的怀念和对汉匈和亲的肯定。

“昭君出塞”已成千古佳话。那时匈奴对大汉虎视眈眈，大汉用“和亲”的政策来稳定边境，昭君不过是一个宫女，但她完成了大汉的使命。在离别汉疆的时候，昭君流下了热泪，因为她怀念着生自己养自己的这片土地，但此时，已决定她将不可能再次回到自己的故乡，昭君出塞之后再也没有回来，死在了匈奴。但昭君为大汉所作的贡献并没有因为昭君的离去而结束，她把大汉的一些生产生活资料带到了匈奴，为匈奴的生产力提高发挥了重要的作用，同时促进了华夏文明的融合。

王昭君被后世之人尊为和平的使者，她的子女也为匈、汉和平奔走努力。人们尊敬这位出塞的女子，在中国历史上，仅以昭君名字命名的诗就不下百首，可见她的影响之大。

阴丽华：娶媳妇就得娶这样的

阴丽华，东汉王朝的开国皇帝刘秀最宠爱的女人，也是东汉王朝真正的开国皇后。她美丽动人、贤德淑惠，“中兴之主”刘秀为她发出了“仕宦当做执金吾，娶妻当娶阴丽华”的誓言。乱世风云中，她和他谱写了前无古人、后无来者的帝后爱情。

阴丽华是南阳新野人，生于居摄元年（公元 6 年），据说还是春秋时代齐国政治家管仲的后代。管仲的七世孙管修由齐国迁往楚国，做过阴邑（今湖北光化县西）的大夫，就以地名为姓，始姓阴氏。秦汉之际，阴氏迁往新野，世居于此。西汉中后期，阴氏逐渐成为新野的富豪。据说从阴丽华的曾祖父阴之方开始暴富。不过，阴氏家族在政治上并无势力。因此，可以说阴丽华出身于“素封”之家，和一般平民百姓没什么区别。

阴丽华少年时代起就美貌过人，杏仁眼，柳叶眉，樱桃小嘴，一对浅浅的酒窝，显得温柔而恬静。虽然是久在深闺，却是早已名声在外，大家都知道她是世上少有的美人。

王莽末年，还在民间的刘秀，因为哥哥刘缜的宾客杀人连累到家族。为了避祸，刘秀投奔家住新野的姐夫邓晨家。邓氏和阴氏一样，也是新野的豪强大族，和阴氏素有来往。因此，刘秀得以偶然见到阴丽华，不禁大为思慕，认为她就是自己应该追求的终身伴侣。他又听说执金吾（皇宫的卫队长）车骑众多，服饰华美，以为是高爵显位了，于是慨然长叹：“仕宦当做执金吾，娶妻当娶阴丽华。”

然而两人的结合，却是好些年之后的事了。

在昆阳之围解除后，军事行动告一段落。刘秀与阴丽华完婚，阴丽华正当青春年少，风华绝代，刘秀多年的愿望终于实现，夫妻俩恩恩爱爱。刘秀曾娶过另一个女子郭圣通，但这桩婚姻不是出于情爱，而是出于政治军事目的的考虑，因为郭家有田宅财产数百万，父亲曾仕军功曹，母亲又是景帝七代孙真定恭王刘普的女儿，算得上是大家闺秀了。但这桩婚姻因为没有感情基础，郭圣通虽然在刘秀登基之后，当了几天的皇后，但很快就被阴丽华取而代之。

在刘秀的心目中，阴丽华自然是至高无上的，不但是天姿国色，

而且又温淑贤达，岂能不得宠？

阴丽华当皇后以后，仍然是朴实无华，不喜骄奢，东汉是以孝治天下的，阴丽华在这方面堪称榜样，她父亲虽过世多年，但每每提起，她就伤心不已，泪眼汪汪。刘秀见此情形，也深为感动。

永平七年（公元 64 年），阴丽华辞世，死后谥曰光烈皇后，与刘秀合葬于原陵。

不管阴丽华是名门淑女，还是乡间良女，她能使刘秀立下“娶妻当娶阴丽华”的誓言，除了貌美过人之外，自然还有别的个性品质的因素。

做一个美女很难，做一个幸福的美女更难，做一个帝王身边的幸福美女更是难上加难，可是上天将这一切都赐给了阴丽华。

读史读到东汉，最让人感动的就是一代贤后阴丽华的为人、为妃、为后之道。皇帝的婚姻，少有幸福圆满的结果，而刘秀、阴丽华却和谐得令人羡慕，这固然是由于刘秀的宽仁厚德，惜念旧情，而阴丽华的貌美德高与安分守己，更是最重要的因素。两人从此开始一段千古流传、荡气回肠的爱情故事。

阴丽华是刘秀患难与共的美貌发妻，却在他登基之时，主动让出皇后宝座，甘居嫔妃之位。而在刘秀不舍旧情扶立为东宫之后，她却能真心善待被废除的皇后，使郭圣通成为中国历史上唯一一个不入冷宫反得尊崇的废后，郭氏家族也成为史上唯一一个非但没有遭殃丢命，反倒全家升官发财的废后家族。郭圣通与阴丽华这两个女人，虽然一废一立，但是她们都是中国后妃群中最幸运的人。

东汉开国之君光武帝刘秀，堪称中国帝王中的顶峰人物。文韬武略、相貌人品，都达到了再无人企及的程度。能成为这样一位帝王一生的伴侣，阴丽华此生足矣！他们是名副其实的千古帝后，人中龙凤，他们浪漫而执着的爱情为千古传颂。

班昭：中国历史上第一位女史学家

班昭是东汉时期有名的才女，在史学上作出了重要贡献。班昭14岁时嫁给曹世叔为妻，而后早年守寡，活了七十多岁。其父班彪，很有学问；长兄班固，是著名的历史学家、文学家；次兄班超，乃立功西域的一代名将。

班昭自幼天资聪敏，勤奋好学，在父兄的教导和影响下，熟读儒家经典和各种典籍，使班昭成为一个博学广识的学者，为日后续写《汉书》打下了坚实基础。她对祖国文化事业的突出贡献是整理并续成重要的史学巨著《汉书》。

汉武帝太初年间，司马迁写成了宏篇巨著《史记》。司马迁去世以后，虽有人补写，班彪认为“多鄙俗，不足以踵其书”。他便收集史料，撰写《后传》六十余篇，意在续补汉武帝以后所缺的部分，但未及完成就因病辞世。班固继承父志，在《史记后传》的基础上，着手编写“包举一代”、囊括西汉历史的史书《汉书》。经过二十余年的努力，班固完成了《汉书》的主要部分。不料，公元92

年，班固因受统治阶级内部政治斗争的牵连，入狱而死。这样，班氏父子花费几十年心血编纂的《汉书》，尚有八表和《天文志》没有写完，同时整部书稿面临着散佚的危险。所幸的是，汉和帝知道班昭是一位博古通今、学识过人的巾帼奇才，即召她和马续到皇家的东观藏书阁续修《汉书》。班昭为继父兄遗志，高兴地接受了任务。从此，她在藏书阁经年累月孜孜不倦地阅读了大量史籍，整理、核校父兄遗留下来的散乱篇章，并在原稿基础上补写了八表和《天文志》。至此，这部完整的《汉书》，历经四十年的编撰工作，终于完成。虽先后经过四人之手撰写，但读起来却“后先媲美，如出一手”，十分和谐。

除整理、续写《汉书》外，班昭在传播和普及《汉书》方面，也起了重要作用。《汉书》问世以后，因多用古字，比较难读，读后也多不通晓。班昭的学问十分精深，就在皇家图书馆的东观藏书阁讲解《汉书》，当时的大学者马融，为了请求班昭的指导，常跪在东观藏书阁外，聆听班昭的讲解。

班昭除了在史学上作出了不可磨灭的贡献外，她还是一位杰出的文学家，著有赋、颂、铭、诔、书、论等文章十六篇，辑成《大家集》三卷，但可惜大都失传，现只留下《东征赋》和《女诫》七篇。

不仅如此，班昭还具有优秀的品质和忠实的人生态度，突出地表现在她一生的孜孜不倦、善于思考。她学习孔子的教育方法，启发受教育者谈出自己真实的思想，然后再根据其理想、志趣加以引导。她既志存高远，又面对现实，不强求不易得到的幸福和生活上的富有。她认为生命是有限的，不能因聪明而延长，也不能因愚昧而缩短，应该不惜身家性命报效国家。忠，会带来吉利；奸，会遭到祸殃。要恭敬、谨慎、勤恳、谦逊，要清心静气没有贪心，严以律己，光明正大。

班昭的德才深得汉和帝的器重，和帝多次召她进宫，让皇后和诸嫔妃拜她为师，向她学习儒家经典、天文、数学，从而使班昭声名大震。每当遇有外邦前来贡献异物时，皇帝便让她即席为赋作颂。因班昭丈夫姓曹，人们便尊她为“曹大家”（当时人们把学识高、品德好的妇女尊称为“大家”）。后邓太后临朝当权，班昭曾以师傅之尊，参与政事，深受信任。班昭逝世后，皇太后亲自为这位多年的老师素服举哀，由使者监护丧事，死后也给予她应得的荣誉。

班昭以她的文采，整理并续成了重要的史学巨著《汉书》。同时，她的文采还表现在《女诫》七篇上。

《女诫》包括：卑弱、夫妇、敬慎、妇行、专心、曲从和叔妹七章。本是用来教导班家女儿的私家教科书，不料京城世家却争相传抄，不久之后便风行全国各地。

在“卑弱”篇中，班昭引用《诗经·小雅》中的说法：“生男曰弄幛，生女曰弄瓦。”认为女性生来就不能与男性相提并论，必须“晚寝早作，勿惮夙夜；执务和事，不辞剧易”，才能恪尽本分。

在“夫妇”篇中，认为丈夫比天还大，须敬谨服侍，“妇不贤则无以事夫，妇不事夫则义理坠废，若要维持义理之不坠，必须使女性明析义理”。在“敬慎”篇中，主张“男子以刚强为贵，女子以柔弱为美，无论是非曲直，女子应当无条件地顺从丈夫”。一刚一柔，才能并济，也才能永保夫妇之义。

在“妇行”篇中，订定了妇女四种行为标准：“贞静清闲，行己有耻；是为妇德；不瞎说八道，择辞而言，适时而止，是为妇言；穿戴齐整，身不垢辱，是为妇容；专心纺织，不苟言笑，烹调美食，款待嘉宾，是为妇工。”妇女备此德、言、容、工四行，方不致失礼。在“专心”篇中，强调“贞女不嫁二夫”，丈夫可以再娶，妻子却绝对不可以再嫁，在她的心目中，再嫁简直是不可思议的悖礼行为，事夫要“专心正色，耳无淫声，目不斜视”。

在“曲从”篇中教导妇女要善事男方的父母，逆来顺受，一切以谦顺为主，凡事应多加忍耐，以至于曲意顺从的地步。

在“叔妹”篇中，说明与丈夫兄弟姐妹相处之道，端在事事识大体、明大义，即使受气蒙冤也是天经地义的事情，万万不可一意孤行，而失去彼此之间的和睦气氛。

《女诫》提出了一套男尊女卑、夫为妻纲和三从四德的规范与理论，后成为封建社会妇女的行为准则，影响深远。

清代女作家赵傅在《后汉列女颂〈并序〉》中赞她“东观续史，赋颂并娴”。作为第一位女史学家和文学家，班昭名留青史，光照人间。

蔡文姬：三度嫁人仍入《列女传》

东汉末年，社会动荡，时局变幻。董卓被吕布诛杀以后，因董卓曾重用过蔡邕，蔡邕也被收付廷尉治罪杀了头。此后，更为激烈的军阀混战接踵而来。这时，羌胡番兵趁机掠掳中原一带，攻城掠地，马边悬男头，马后载妇女，蔡文姬与许多妇女一起被羌胡番兵掳到了匈奴。在去匈奴的途中，蔡文姬饱受了番兵的凌辱和鞭笞，这年她23岁。

蔡文姬第二次出嫁，被迫嫁给了虎背熊腰的匈奴左贤王，还为左贤王生下两个儿子。在匈奴生活了十二年，蔡文姬学会了吹奏“胡茄”，学会了一些异族的语言，但她更饱尝了在异族异俗生活的痛苦。这十二年里，蔡文姬忍受着双重屈辱，一是作为汉人，她被胡人劫掠至胡地；二是作为女人，她被迫嫁给胡人为妾。儿子出世以后，匈奴左贤王对蔡文姬宠爱有加，蔡文姬也渐渐安于抚养两个儿子。但她始终期待自己能够生回故园，死埋家乡。

十二年后，蔡文姬归乡的愿望得以实现。当时，曹操基本扫平北方群雄，把汉献帝由长安迎到许昌，后来又迁到洛阳。当上宰相以后，曹操挟天子以令诸侯，在统治稳定之际，曹操回忆起少年时

代老师蔡邕对他的教导。当他得知蔡文姬被掠到了南匈奴时，他立即派周近做使者，携带黄金千两，白璧一双，要把蔡文姬赎回来。只是，此时蔡文姬归乡，已然多了另一桩心痛：只要回归故国，就得舍弃自己的两个亲生儿子！

蔡文姬多年被劫掠是痛苦的，可忽然要离开胡地，回归故国，舍弃已然共同生活了十二年的夫君和两个年纪尚小的儿子，而且此一别关山重重，大漠遥遥，几乎是永别。离开胡地时，她与儿子和夫君相拥泣号。在汉使的催促下，蔡文姬在恍惚中登车而去，车轮的转动中，12 年的异域生活，暮暮朝朝涌上心头，这段惨痛的经历，留下了动人心魄的《胡茄十八拍》。

蔡文姬在汉使周近的卫护下回到故乡陈留郡，发现家乡满目苍痍，到处是断壁残垣，已然无法居住。此时，曹操为了让恩师蔡邕血脉传承，又为文姬择一夫婿，此人便是屯田校尉董祀。董祀正值鼎盛年华，论年纪比文姬小许多，生得一表人才，通书史，谙音律，自视甚高。对董祀来说，原本不会想到要娶一个年长自己许多、已结过两次婚还生过两个胡儿的中年女人为妻，他的内心深处还是有些嫌弃这段婚姻，只是迫于丞相曹操授意，无奈中只得接纳文姬为妻。

蔡文姬与董祀结婚这年，是公元 208 年，这年爆发了著名的赤壁之战。蔡文姬这时已 35 岁。在三十五年的生涯里，她已饱经战乱之苦，经历了与父亲、两个夫君、两个儿子的生离死别，内心中充满挫折与伤痛。冰雪聪明的她，对于董祀对自己的感情，是心中有数的。但此时的蔡文姬，已经没有了年少时愤而离家的那种勇气，可能是因为她已经历了太多，父亲的死也让她无所依靠，她有些麻木，面对命运，只想迁就。在蔡文姬的诗作《悲愤诗》中，她这样谈论这段老妻少夫的关系："托命于新人，竭心自助厉，流离成鄙贱，常恐复捐废。"此语表露了一个女人生怕丈夫嫌弃自己过去的惊恐，自我认知的"鄙贱"，在家中不被爱的地位，以及担心再度失婚遭到抛弃的心情。

蔡文姬的这次婚姻，起初并不十分和谐。精神的创伤和对胡地两个儿子的思念，令她时常神思恍惚。而丈夫的冷落，更加重了她的自卑感。与此同时，董祀面对冷淡的婚姻，也做出了变相的"抗争"。仅一年后，董祀就犯下了死罪，曹操判其斩首。文姬闻讯蓬首跣足地赶往丞相府求情。曹操正在大宴宾客，公卿大夫、各路驿使坐满一堂。听说蔡文姬求见，曹操对在座的宾客说："蔡邕之女在外，诸君谅皆风闻她的才名，今为诸君见之！"蔡文姬走上堂来，跪下来。在严冬季节，她头发凌乱、打着赤脚，令众人大为惊讶。曹操心中不忍，命人取过头巾鞋袜为她换上。蔡文姬哀伤地讲清来由，在座宾客都感叹不已，曹操说："事情确实值得同情，但文状已去，为之奈何？"蔡文姬恳求："明公厩马万匹，虎士成林，何惜疾足一骑，而不济垂死一命乎？"说罢又是叩头。曹操念及昔日与蔡邕的交情，又想到蔡文姬悲惨的身世，倘若处死董祀，文姬势难自存，于是立刻派人快马加鞭，追回文状，宽恕了董祀。董祀此后感念蔡文姬的救命之恩，对她态度好转，两人的婚姻由此得以继续。后来，夫妻双双看透了世事，溯洛水而上，居于风景秀丽、林木繁茂的山麓之中，平安地度过了晚年。若干年以后，曹操狩猎经过这里，还曾经前去探视。

《胡笳十八拍》是古乐府琴曲歌辞，是感人肺腑的千古绝唱，是

蔡文姬和着血泪写成的。“对首草兮犹不忘，弹鸣琴兮情何伤！今别子兮归故乡，旧怨平兮新怨长！泣血仰头兮诉苍苍，胡为生兮独罹此殃！”这仿佛是这个不幸女子的自弹自唱，琴声正随着她的心意流淌，随着琴声、歌声，她仿佛正行走在一条由屈辱与痛苦铺成的长路上。

南匈奴人在蔡文姬去后，每于月明之夜卷芦叶而吹茄，发出哀怨的声音，模仿蔡文姬的《胡茄十八拍》，成为当地经久不衰的曲调。中原人士也非常盛行以胡琴和筝来弹奏《胡茄十八拍》，据传中原的这种风尚还是从她最后一个丈夫董祀开始的。

《胡茄十八拍》的艺术价值很高，后代有过许多评论。明朝人陆时雍在《诗镜总论》中说：“东京风格颓下，蔡文姬才气英英。读《胡茄吟》，可令惊蓬坐振，沙砾自飞，真是激烈人怀抱。”郭沫若还创作了新编历史剧《蔡文姬》，在现代舞台上再现了“文姬归汉”的历史场景，其影响十分巨大。

蔡文姬传世作品除《胡茄十八拍》外，还有《悲愤诗》，它是我国诗史上文人创作的第一首自传体的五言长篇叙事诗。该作在艺术上采用现实主义的手法，通过典型的细节描写，具体生动地表现各种场面，使人犹如亲临其境，“真情穷切，自然成文”，激昂酸楚，在建安诗歌中别构一体，在我国诗歌发展史上有着重要地位。

曹操的文学成就也称得上是震古烁今，他特别爱书，尤其是难得一见的好书。一次闲谈中，曹操表示很羡慕蔡文姬家中原有的藏书。当蔡文姬告诉他家中原本所藏的四千卷书籍，几经战乱，已全部遗失时，曹操流露出很深的失望之情。但当听到蔡文姬还能背出三百篇时，曹操又大喜过望，立即说：“既然如此，可命十名书吏到尊府抄录如何？”蔡文姬惶恐答道：“妾闻男女有别，礼不授亲，乞给草笔，真草唯命。”

最终，蔡文姬凭记忆默写出了四百篇文章，且文无遗误。这不但满足了曹操的心愿，蔡文姬的才情也可见一斑。蔡文姬是一个博学多才的女子，然而她的婚姻是不幸的，命运是凄惨的。虽然有人认为“蔡文姬受辱虏庭，诞育胡子，文辞有余，节烈不足”，但《后汉书·列女传》为她立了传，说明她不曾因多次嫁人而受到歧视。

貂蝉：中国历史上最著名的“女间谍”

貂蝉是中国古代四大美人之一，也是女间谍的鼻祖之一，她亲身实践了美人计和连环计。学者孟繁仁先生考证：貂蝉，任姓，小字红昌，出生在并州郡九原县木耳村，15 岁被选入宫中，掌管朝臣戴的貂蝉（汉代侍从官员的帽饰）冠，从此更名为貂蝉。

貂蝉出生在东汉末年江陵的一个没落家庭，自幼人才出众，聪敏过人，因而被选入汉宫，任管理宫中头饰、冠冕的女官，故称“貂蝉”官。因遭十常侍之乱，避难出宫，她被司徒王允收留并认为义女。王允一家对她可谓有救命之恩。由于长期寄人篱下，貂蝉养

成了一套善于察言观色的本领。再加上生性聪慧，更具有一种善解人意，嘴甜心细的品性。貂蝉不但颇得王夫人的欢心，就连王允本人也对她另眼相看。

自火烧洛阳，迁都长安后，把持朝政的董卓仗着勇冠三军的义子吕布更加为非作歹。一天，百官在朝堂议事，突然吕布来到董卓身边，耳语数句，董卓点了点头，吕布来到司空张温身边，一声令下，将张温揪下朝堂，不久，侍从将一红盘托张温头入献。董卓命吕布劝酒，把人头在各人面前一一呈过，然后说道："汝等人对我恭顺，我不害你们，我是受天保佑的人，害我的人一定会失败。"一个大臣就这样无缘无故地被杀了。王允惊惧的同时，免不了兔死狐悲。

天已很晚，王允仍站在荼蘼架旁想着白天的事情。他知道要除董卓，就必须先离间董卓和吕布的关系。忽然他听到在花园的另一端也有人在暗暗叹息，他悄悄走过去，发现是貂蝉。王允问貂蝉："你有什么伤心事，竟于深夜在此长叹，能不能告诉我。"貂蝉先是感谢王允的救命之恩，希望能够感恩图报。接着话锋一转，讲到她最近总见王允愁眉不展，特别是今晚更是坐立不安，料想一定有重大的事情十分棘手，最后她表示，王允需要她做些什么，她一定万死不辞。王允静静地听着，突然眼前一亮，计上心来，立即叫貂蝉跟他到画阁中去。进了画阁，王允说出一番话来，吓得貂蝉花颜失色。王允跪拜在地，貂蝉跟着跪倒，面对自小抚养她的恩人，她再次发誓，万死不辞。

第二天，王允就将家藏的明珠数颗，令匠人嵌成一顶金冠，使人秘密送给吕布。吕布一介武夫，贪财重利，很容易被抓住了弱点。吕布大喜，当即赶到王家致谢。王允盛情招待，当酒饮至七分醉时，貂蝉从内室款款而出，吕布当即被其迷倒。醉意重重中，王允告诉吕布，愿意把貂蝉嫁给他做妻子，又欲擒故纵地说：“要不是怕董卓起疑，一定会留吕布在家里过夜。”吕布在依依不舍中，喜滋滋地离去。王允的第一步宣告成功。

接着就是第二步。又一个早朝完毕，王允邀请董卓到他家去做客，说道：“我想请太师到草堂赴宴，不知可不可以？”董卓马上说：“司徒乃国家之元老，既然来日有请，当赴。”第二天傍晚，王允穿着朝服迎接董卓，三拜五叩，称赞董卓，把董卓比作姜子牙、周公。董卓还未饮酒，就已经醉醺醺了。夜幕降临，酒桌上，王允唤貂蝉在众人簇拥下飘然而至，轻歌一曲，曼舞一支。董卓心花怒放，立即命令近前来唱，一曲还未唱完，董卓叫貂蝉为他把盏。董卓轻轻地问：“多大年龄？”貂蝉幽幽地答道：“贱妾还不到 20 岁。”董卓笑道：“真神仙中人也！”王允立即说：“老臣想把此女献与太师，不知是否满意？”董卓色眯眯地说：“美人见惠，何以报德？”一边说着“尚容致谢”，一边就急急起身，王允跟着亲自送貂蝉随着董卓到郡坞。

王允送董卓回来刚到家门口，就被吕布拦住。吕布一把揪住王允，怒骂：“老贼戏我！”拔剑就要砍。王允立即告诉吕布，董卓把貂蝉带走，是要为吕布主婚，并要吕布把王允自己家中的一些珠宝带走，说是给貂蝉出嫁做首饰。吕布立即兴冲冲地赶到相府。但当吕布来到相府时，董卓正和貂蝉在内室情话绵绵。吕布等了一夜，第二天早晨得到的答复是：“夜来太师与新人共寝，至今未起，可能是太劳累了。”吕布一听大惊，马上偷偷地来到董卓卧房后偷看。貂蝉刚好起床梳头，发现了偷看的吕布，立即蹙起眉头，做出忧愁不

安的样子，假装不断用手帕擦拭着泪眼。

董卓终于正式接待了吕布。几句寒暄后，吕布总不见董卓提起为他主婚的事，就痴痴地站在那看董卓吃早饭。这时貂蝉故意在绣帘后走来走去，引起吕布的注意，甚至不惜露出半个脸蛋来，以目送情，霎时，吕布神魂荡漾。董卓当即警觉，见吕布频频侧身迎里而望，恼怒地说：“布儿无事就走吧。”吕布一肚子不高兴地回到家中，他的妻子不知趣地问他：“你今天莫非被董太师训斥了？”吕布一反常态地说：“太师怎能训斥我！”

董卓自纳貂蝉后，情色所凝，月余不出理事。吕布一切都明了了，但越如此，他越思念貂蝉。终于，吕布利用董卓午睡的机会溜进了董卓的卧室。貂蝉在床后探半身望着吕布，以手指心而不转睛。吕布感激得频频点头表示明白她的意思。貂蝉用手指董卓，强拭泪眼，吕布似乎心都欲碎。

董卓朦胧中醒来，看到了吕布，猛然回身，看见貂蝉在屏风后面。董卓羞愧愤怒，责问吕布：“你敢戏我爱姬吗？”唤左右驱逐吕布，令其今后不许入堂。吕布怀恨回家。

貂蝉终于将事态引向了高潮。没过多久，她就将吕布引到了相府后花园中的凤仪亭，边哭边诉说自己如何思念吕布，董卓又如何将自己侮辱。现在自身已污，不得服侍英雄，愿死在吕布面前，以绝吕布的思念。话没说完，貂蝉就手攀曲栏，望荷花池便跳，慌得吕布一把将其抱住。貂蝉乘机倒在吕布怀中，挑起吕布反叛董卓，说道：“妾在深闺，闻将军之名，如雷贯耳，以为当世一人而已。谁思反受他人之制！妾度日如年，愿将军怜悯而救之。”董卓因久未见貂蝉，便到后花园中寻觅。只见吕布把他的方天画戟放在旁边，抱着貂蝉正说悄悄话。盛怒之下，董卓抢过画戟就刺，吕布掉头便走。董卓体胖，赶不上，就飞起一戟，却被吕布一拳打落在草中。吕布与董卓的关系彻底破裂。

董卓带着貂蝉回到家里后，就离开了相府。王允乘机把吕布接到家中，痛斥董卓把吕布的貂蝉抢走，声称要为吕布报仇。一番同仇敌忾，刺杀董卓的计划便周密完成。

“千里草，何青青；十日卜，不得生。”这一首当时流行在长安街头的童谣，预示着董卓快要死了。此时，轻车都尉李肃奉命到郿坞去见董卓，说是天子有诏，欲会文武大臣于未央殿，商议将帝位传给太师之事。董卓心花怒放地起程进京，一路上车轴断了，马辔头断了，而且路上狂风大作，尘土蔽天，董卓大惑不解，认为这些都是不祥之兆。李肃却解释说：“弃旧换新，将乘玉辇金鞍；万岁登基，必有红光紫霞，这些都是吉兆。”董卓在走进未央殿时，被埋伏在殿内的军士伏击，一戟刺透董卓咽喉的就是吕布，李肃却把董卓的人头割在手中。

董卓既死，朝野欢声雷动，吕布在兵荒马乱中找到貂蝉，带回家中，终偿夙愿。然而吕布最后终被曹操战败，自缢而亡，貂蝉落入了曹操的手中。貂蝉此后的命运传说纷纭，有的说是自刎而死，有的说曹操为笼络关羽连同赤兔马一起把她送给了关羽，关羽留下骏马却斩杀了美人。貂蝉是《三国演义》中唯一一个被重点塑造的女性，但在书中某些地方她被描述为红颜祸水。

事实上，正是由于貂蝉的功劳，才有了王司徒连环计的实施，才有了吕布大闹凤仪亭的高潮，才有了凶横无忌、权倾一时的董卓的罪有应得。貂蝉存在的意义正在于：在男人争霸的世界中显示出

了一个绝色女子的胆识与智慧，正是这种非凡胆识的展示与高度智慧的运用，加速了汉末军阀战乱时代的结束，促成了一代雄才曹操、刘备、孙权等人的崛起，从而使已经风雨飘摇的汉室江山得以延续。总之，貂蝉作为女间谍的鼻祖之一，亲身实践了美人计和连环计，为国除奸，为后世所传扬。

一个寄人篱下的弱女子，为了感恩牺牲了自己一生的幸福直至生命。她心甘情愿地被当成一件礼物、一枚棋子、一个筹码，周旋于两个男人之间，上演了连环美人计，送吕布以秋波，报董卓以妩媚，让他们从义父子反目成仇人，借刀杀人，挽狂澜于乱世。

虽然历史上对是否有貂弹这个人尚存有争议，但纵然如此，在罗贯中的《三国演义》中，在完全是清一色男人争霸的三国时代，貂蝉是出场的少数几位女子中最为光彩夺目的，她的才智让天下英雄黯然失色。

天生侠骨丹心的貂弹，以一个女子的贞节青春和性命做赌注，铲奸除恶，将本是男人的责任担在了自己柔弱的肩上。然而，当貂禅作为女人出色地完成自己的使命后，却没有一个男人愿对貂蝉负起真正的责任，那些三国中的雄才们将她视为“祸水”。貂蝉最后的悲惨命运，正应了“红颜薄命”这句老话。

第六卷　宫怨篇

红颜未老恩先断，深锁春光一院愁

中国古代宫廷之中，女人既是帝王的宠物，也是帝王的玩物。无数红颜侍奉一个帝王的结果，自然是有人得宠有人失宠，有人欢乐有人痛苦。后宫，俨然成了女人们争宠的无声战场。胜者尊宠无比，败者则苦海无边，在望眼欲穿中了此残生。当大汉王朝湮没在历史尘埃之中，君可见，汉宫日暮，未央宫中落雪飞，遮不住，长门里面许多愁。

薄姬：孤独寂寞冷，因祸而得福

薄太后的本名，现在说法多种多样，真实姓名已不可考，但说到她的身世，可以说既很好，却又很惨。她是苏州人，母亲是魏国的王族，但她却不是“合法出生”，她是母亲和人私通的私生子，又兼秦朝治下，六国王族的身份非但不值钱，反而颇受打压，她小时候的生活，可以说是穷困与白眼交加。这日子得忍，忍了没几年终于苦尽甘来，大泽乡起义一声炮响，六国遗民翻身迎解放，凭王族身份，成年后她嫁给了魏王豹为妻，也算是王族贵妇。这魏王豹虽说是一方王族，但人生追求却也不大。秦末农民战争中，起先他就想着跟对一个好主人，安安稳稳地讨一块封地，关起门来当王爷。却偏偏有个叫许负的算命先生，见了她后立刻惊叹：此女子将来会生个天子。就这一句话，魏王豹的心思活络了：她生的儿子是天子，我是她老公，那也就是说……

心思活络了，行为也就活络了，好好的魏王也不想当了，立刻扯旗造反，跟正在打天下的刘邦撕破脸：算命的都说我老婆的儿子是天子，我还怕你作甚。可他哪是刘邦的对手，被刘邦的大将曹参几下子打得稀里哗啦，魏王豹兵败身死。许负的卦，他到底没弄懂：

你老婆生的儿子做天子不假，可这天子的爹，却未必就是你。

没弄懂的后果，对于薄夫人是严重的。王族贵妇是做不成了，摇身一变成了罪犯家属，发配到皇宫里当奴仆，负责在纺织房当织女。这织女的活可不好干，整个皇宫上至帝王皇后，下至太监宫女，里里外外穿的，全都出自织女之手。劳动量大，工作辛苦，地位也低贱得很，最重要的是人生没机会。皇宫里的女子，名义上说都是皇帝的老婆，再苦再累，改变命运的办法，就是被皇帝看中，得到宠幸，最好能生个一男半女，也就有苦尽甘来的希望。可混在纺织房，这个想法就很不靠谱：有哪个男人会闲着没事，跑来看女人织布呢？没办法只能继续忍。

可不靠谱的事情，偏偏就发生了。当了皇帝的刘邦某一日心血来潮，竟真到织布房来闲逛，扫了一眼薄夫人，又偏觉得顺眼，顺眼了就好办，一纸诏书调出织布房，提到宫里做妃子。可这“妃子”却是有名无实，做皇帝的后宫佳丽三千，就算一天宠一个，猴年马月也难轮到她，只能独守空房继续忍。这一忍就是四年，四年后，刘邦总算有一天踏进了她的房间。正史的说法是，宫里有小姐妹说起这个女人的身世，无意中被刘邦听到，刘邦一时心血来潮，就过来宠幸了一把。野史上也有说法，是刘邦那天走错了门，误入了她的房间，也就顺水推舟将错就错了。心血来潮也好，将错就错也罢，她和刘邦，也仅仅做了这一夜夫妻，那夜之后，刘邦再没来过。

可“低概率”的事件再次发生了，就这么“一夜夫妻”，忍了好多年的薄夫人竟然怀上了，十个月后婴儿呱呱坠地，是个大胖小子。这就是刘邦的四儿子刘恒。凭此机缘，她也终于在后宫嫔妃里占有了一席之地，有了作为妃子的名分薄姬。

刘邦宠幸她，原本就是同情弱势群体，现在见她连儿子都有了，母因子贵，这温暖送得也差不多了，目标达到了，就不肯到她这里来了。

孤寂的薄姬，默默无闻地僻处掖庭一角，抚养着刘恒。由于极其不受宠爱，偏偏又生了儿子为诸宠姬所妒，薄姬的处境可想而知。渐渐地，她养成了谨小慎微、凡事忍让的态度，就连照制度派来侍候她的宫女，她都不敢得罪。在刘邦的后宫中，薄姬母子几乎成了“好欺负”的代名词。

这样的处境，当然是苦恼的，但是世事就是那么难以预料。

等到戚夫人中箭落马，吕后秋后算账，被刘邦宠幸过的女人都遭了殃，一时间众芳芜秽，只有薄姬逃过一劫，倒不是吕后另眼相待，恰恰相反，吕后压根不拿眼皮子夹她一下，在男人那里不得势的女人，也会被同性看轻，谁会跟一个看不上眼的东西较劲呢？另外在被丈夫冷淡这方面，吕后觉得自己与薄姬多少有点同病相怜，于是吕后挥挥手把她饶过，集中精力对付曾让她嫉妒得眼睛里滴血的戚夫人。

正因此，薄姬意外地得到了吕后特别的恩遇：薄姬被吕后送往儿子刘恒的封地，不但让她母子团圆，更给予她“代王太后”的称号，使她成为大汉王朝仅次于吕后的贵妇人。

戚夫人：论后宫女人，谁能比我惨

刘邦得到戚夫人的故事很浪漫，说是有一次败给项羽后，连饭也没得吃，逃到一村子里遇见一个老人。老人姓戚，带着18岁的闺女在此躲避战乱。一见带兵的刘邦，老人吓得连忙下拜，并带他回家里弄菜弄酒给他吃。

刘邦见到老人的闺女，顿时动了心思，得知女孩尚未嫁人后，心中窃喜。老人看出意思，就说相面先生讲他闺女有贵人之相，难道遇到大王，就是她的前世姻缘？于是要把闺女许给刘邦为妻。

虽然说刘邦心里暗喜，考虑家有妻室，已有吕雉，也客气了一番才应下。据说，刘邦是解下自己的玉带作为定情之物，老人当晚便让闺女陪刘邦睡觉了，刘邦这第二位“老岳父”看来比今天的父母们还想得开呢。

但因为这次“一夜情”，戚家闺女从此跟定了刘邦，后来成为刘邦后宫的宠妃。

到此，刘邦已有了三个女人，一个情人曹氏，第一房妻子吕氏，第二房妻子戚氏。

刘邦与吕雉的感情本来是不错的，她毕竟是他打光棍时的发妻。

但在夺了天下后，情况却发生了变化。吕雉比戚夫人大多了，戚与刘邦“一夜情”时，是才18岁的黄花大闺女，也是中国历史上有名的美女之一；而吕雉当年是有嫁不出去之嫌的女人。年龄一大，吕雉自然就成了昨日黄花。两人分别当了刘邦的皇后和爱妃之后，就开始明争暗斗起来了。

一开始戚夫人占上风，刘邦每次外出都由戚夫人陪侍，而把吕后丢在后宫。戚夫人长得漂亮，歌舞也好。乐得刘邦天天把美人搂在怀里，而冷落了吕后，渐渐刘邦与吕后之间的感情就出了问题。

本来已定下吕后生的儿子刘盈为太子，戚夫人却希望让自己十岁的儿子如意继位。刘邦也不看好刘盈，觉得性格不像自己，而如意却很聪明，有自己年轻时的样子。当刘邦把自己欲废太子的想法拿到朝中商议时，如果不是有口吃的大臣周昌冒死力谏，戚夫人的愿望差点就达成了。

后来，戚夫人又多次向刘邦提出立自己儿子为太子的事情，但年老的刘邦心有余而力不足了，因为在吕后的精心策划下，太子的势力已形成，没有办法废了。年幼的如意被迫离开京城到三千里外的封地为王。

刘邦死后，刘盈即位，史称惠帝。贵为太后的吕雉大开杀戒。她第一件事情是把“情敌”戚夫人罚为奴隶，让人用钳子把她的一头秀发统统拔光，搞成了秃子，罚她去舂米劳动，限每天要舂一石，如果少半升则要打她一百棍。据《汉书》记载，自知命运不济的戚夫人悲从心中来，不禁叹道：

“子为王，母为虏，终日舂，薄暮常与死相伍，相隔三千里，谁当使告汝？”

吕后闻讯，心生毒计，把戚夫人的儿子如意诱进京城，暗暗把他毒死了。如意死时七窍出血，连已称帝的刘盈也于心不忍，大哭了一场，用王的礼仪将同父异母的如意葬了，谥号隐王。

但就这样还不解恨，吕雉最后用“人彘”之刑把戚夫人活活给弄死了。自己的兄弟死后，刘盈是很悲伤的，但吕后竟然让他去看“人彘”表演。刘盈也不知“人彘”为何物，便跟着太监去看了，七弯八绕到一间厕所里，看到一个血人，四肢全被砍了，眼珠被挖了，剩下两个血窟窿，人还没有死，身子还能动，嘴一张一张的。

刘盈便问太监这是什么人，一听是戚夫人，他差点被吓晕了。原来，吕雉对戚夫人下了毒手，施了酷刑后，又给她硬灌了药，让她听不见，不能语，半死不活地扔到了厕所里。

吕后对薄姬如此善待，却对戚夫人下如此狠手，是不是也正反映出，戚夫人在得到刘邦宠爱的时候，确实做出过很多让人无法原谅的行径。总之，任何事都是有因果的，戚夫人遭遇虽惨，却也不会是无辜的洁白羔羊。

张嫣：被迫嫁亲舅，至死仍是处子身

张嫣是鲁元公主与宣平侯张敖的女儿，从小受家庭教育的影响，端庄优雅，知书达理，且洁身自好。据说，她小的时候跟随母亲鲁元公主出入皇宫时，她的外祖父刘邦就让戚夫人抱着她，并对戚夫人说："你虽然美丽高雅，世上无人能及，但此女十年以后，绝非是你所能比的。"然而，美貌并没有给张嫣带来好运，相反却成了她的姥姥吕后企图长久控制皇权的一颗棋子。

汉惠帝刘盈在当太子时因为年纪太小，没有娶太子妃。当上皇帝以后，吕后为了搞所谓的"亲上加亲"，竟然做出了一个违逆人伦的决定，就是要把自己的亲外孙女嫁给亲儿子，也就是让张嫣嫁给自己唯一的亲舅舅刘盈。从后来的事情可以看出，刘盈和张嫣对吕后这种安排打内心里是不愿意的，但他们都不敢违抗吕后的命令，于是，只好自己受罪。

张嫣嫁给刘盈时才不过十岁而已。刘盈当时是不同意这门亲事的，他说了两个理由：一辈分有差别；二张嫣年纪还小。吕后一一驳回，说："岁数小可以长大，甥舅关系也不在五伦之列。没事。"

在这件事上，刘盈没有选择的余地，他虽然是皇上，可皇权并不在手中，真正掌权的一直是他的母亲吕雉，他不过是母亲权威下的一个傀儡皇帝罢了。他心里虽然抵制，却也无可奈何。张嫣也不愿意，舅舅抱着她逗她开心还是前几天的事呢，怎么突然就要做舅舅的老婆了呢？要同床共枕，还要生儿育女，这个弯儿一时半会儿还真就转不过来，何况当时她那岁数，不吓坏了就是好事。

刘盈和张嫣虽然被迫做了夫妻，但婚后一直没有真正同房，即便睡在一个房间里也没有同床。不是二人身体有什么隐疾，而是心理上实在接受不了，他们的关系实在太近了，刘盈不忍心，张嫣也不能接受。也正是这个原因，张嫣一直没有怀孕。吕后为了巩固自己的统治地位，于是设计教她假装怀孕，然后再强取汉惠帝与宫女所生之子刘恭，谎称是张嫣所生，然后将刘恭的生母杀死，并立刘恭为皇太子。这一切，又怎么能瞒过当事人刘盈呢，只不过他不敢拆穿罢了。

吕后去世以后，诸吕被诛，后宫又成为刘氏的天下，汉文帝刘恒即位。而张嫣虽幸免一死，却受到牵连，废其位而置于北宫，称孝惠皇后。北宫是未央宫后一处极为幽静的院落。朝野都知道张嫣与诸吕乱政无关，因而没有在夷灭诸吕时杀死她。她生活在北宫中，无声无息，日出日落整整十七年。公元前163年，张嫣病逝，终年四十岁，与汉惠帝合葬安陵，不另起坟，谥号孝惠皇后。

张嫣死后入殓时，宫女们替她净身时惊人地发现，张皇后至死竟然冰清玉洁，依然是个处女。消息不胫而走，天下的臣民无不怀念她，怜惜她。于是纷纷为她立庙，定时享祭，尊她为花神，为她立的庙便叫作花神庙。

刘盈守住了人伦，却始终无法摆脱亲生母亲带给他的痛苦，他

拼命去其他女人那里寻找快乐，寻找能够麻醉自己忘掉痛苦的快乐。张嫣也守住了人伦，却从此失去了人生最起码的快乐。她既要承受不伦婚姻所带来的痛苦，还要忍受生活在无性婚姻里的摧残折磨。而这些，都是拜吕后所赐。刘盈和张嫣一样，都是吕后权力欲望下的牺牲品。

栗姬：你太任性了，也太没脑子了

汉景帝四年（前153年），4岁的刘彘被立为胶东王。同年，汉景帝又封他的长子，也就是栗姬的大儿子刘荣做了皇太子。

这时，长公主刘嫖出场了。长公主也称馆陶公主，她是窦太后的第一个女儿。老太后虽然有享不尽的富贵，但是后宫生活难免单调，能够说说知心话的只有女儿馆陶长公主，因而馆陶长公主的地位非常特殊。馆陶长公主自由往来于宫中，看透了宫廷里的潜规则，为保证自己在皇族中的地位，只好打女儿阿娇的主意，女儿当上皇后，自己何愁在母亲百年之后的富贵。

刘嫖下手很快，立即向新立的太子刘荣抛去橄榄枝。但刘荣的母亲栗姬是个小心眼的女人，她对馆陶长公主经常用美女讨好汉景帝的行为早就忍无可忍了，想都不想就一口回绝了这门亲事。

馆陶长公主震怒，恨意顿生，同时又担心刘荣当上皇帝以后自家的好日子就结束了，暗暗起了废掉刘荣之心。但在废掉刘荣之前，必须找一个能够接替皇位并且同意女儿陈阿娇当皇后的人，经过观察，馆陶长公主将目光锁定了刘彘的生母王美人。

王美人名叫王娡，据传早年由母亲臧儿做主，嫁入金王孙家，并生下一个女儿。女儿嫁了金龟婿，臧儿本已志得意满。算命先生突然向臧儿泄露天机：你的两个女儿将来都能大福大贵。王娡已经嫁得很不错了啊！但是，臧儿不满足，于是再次决定，把王娡从金王孙家里夺回来，重新嫁人！

很快，王娡和妹妹王皃姁先后被臧儿送入太子的宫中。把一个已婚并育有一女的女儿送入太子宫中，今天看来都不可思议！王娡一定是隐瞒了婚史。王娡被送到太子宫以后，生了一个皇子，三个公主，一龙三凤。她妹妹王皃姁更了不得，生了四个皇子。

王美人在入宫后守礼本分，其子刘彘虽然幼小，却因聪慧深得汉景帝喜爱。决心已定，馆陶长公主开始行动。而那边，王美人也向往成为权倾后宫的太后，馆陶长公主和王美人就这样各怀心事，走到了一条路上。

一日，馆陶长公主带着陈阿娇，王美人带着儿子刘彘，与汉景帝坐在猗兰殿上闲话家常。大家拿孩子们开心，馆陶长公主问刘彘："儿欲得妇不？"

刘彘答："欲得妇。"馆陶长公主逐一指着环绕四周的侍女，刘彘都说不要，最后指到陈阿娇，刘彘大大方方地说："好，若得阿娇做妇，当作金屋储之也。"就此传下金屋藏娇的佳话，刘彘也因此语迈出登上皇帝宝座的第一步，政治舞台的转折点。汉景帝刘启闻得

稚子之语，天真可爱，认为是天意，殊不知这是一场早就预谋好了的大戏的前奏。

很快，栗姬的另一个举动，彻底把自己和自己的儿子送进了死亡的深渊。

此时的汉景帝，身体已经大不如从前。出于后事的考虑，在一次和栗姬单独相处的时候，便告诉栗姬："我百年以后，希望你能善待其他的妃子与她们的儿子。"其实，景帝此言已有托孤和立栗姬为后的打算，但栗姬听完这话，反而暴怒起来，她非但不愿意照顾其他有宠的姬妾子女，甚至对景帝出言不逊。景帝对她的态度也相当不满，却还是忍耐下来，只差没有发作而已。但在这时，汉景帝心中已经有了更换太子的决定，因为他曾亲眼见证了强势的吕后对刘姓诸侯王的摧残，以及对大汉王朝的严重危害，险些让大汉王朝改名换姓。当然，汉景帝自然是不希望这一情景的再度发生，也不想背上后人的骂名。太子有这样的母亲，自然平日里受到的影响是不小的。如果太子心中也有他母亲栗姬的某些歹毒的想法，那将来对整个大汉王朝来说，将会是一场巨大的灾难。

懂得适时而动的王娡知道景帝恼怒栗姬，但要废掉太子，还需要加一把火，这把火必须时机合适火候得当才能达到最好的效果。公元前 151 年，薄皇后被废黜，后位虚悬，王娡知道，时机到了，于是暗中派人唆使大臣奏请立栗姬为皇后。汉景帝认为背后是栗姬在指使，是栗姬等不及了，想要着急夺权。于是，勃然大怒的汉景帝当即就命人处死了那位上书的大臣，而且还废掉了太子的位子，降为了平常的诸侯王，并且当即就要离开都城赴封地。

得宠的王娡顺理成章地被立为皇后，她的儿子刘彻被立为太子。

刘荣被废，景帝也不愿再见到栗姬。栗姬内心的愤恨更加难平，但她甚至连景帝的面都见不到了。本就为自己被废黜的儿子整日以泪洗面的栗姬，在得知自己的儿子被处死之后，在悲愤交加中离世。

如果，自己当初不那么任性，和长公主达成政治联姻的话；如果，自己当初不那么任性，不和皇帝顶嘴的话……可惜，历史没有如果，自己做错的事情，终究要由自己来承担由之而产生的恶果。

陈阿娇：长门幽冷，不知何日君再来

窦太后已死，窦家势力尽除，王娡难以控制自己的儿子，这时的汉武帝对于那段政治联姻已经有了厌倦之意。偏偏陈阿娇又不明就里，她擅宠骄贵，嫉妒成性。其实，刘彻想废掉她很简单，谁也不用忌惮，他甚至单凭没有生育这一点，就可以让陈阿娇让出六宫之主的位置。可是这个阿娇还没等到刘彻想到她那一天，竟自己撞上门来了——她在宫里玩巫蛊。

原来，这位出身高贵的皇后见自己被日渐冷落，心中不胜恼怒。为了重获刘彻的宠爱，于是找来一个叫楚服的女巫暗地里进行“巫蛊”活动。“巫蛊”是将所仇恨之人的名字写在木头人上，再将这木头人埋于地下，令女巫诅咒之，以为这样做会给被诅咒者带来灾难。

汉代法律对“巫蛊”进行重罚。楚服还打扮成男子模样，与陈阿娇同床共枕，宛如夫妻一样亲密无间。元光五年（前130年），陈皇后的“巫蛊”活动被汉武帝发现。他勃然大怒，就命令张汤审理此案。

张汤，历史上酷吏的代表人物，杜陵人。他的父亲曾任长安丞，出外，张汤作为儿子守护家舍。父亲回来后，发现家中的肉被老鼠偷吃了，父亲大怒、鞭笞张汤。张汤掘开老鼠洞，抓住了偷肉的老鼠，并找到了吃剩下的肉，然后立案拷掠审讯这只老鼠，传布文书再审，彻底追查，并把老鼠和吃剩下的肉都取来，罪名确定，将老鼠在堂下处以磔刑。他的父亲看见后，把他审问老鼠的文辞取来看过，如同办案多年的老狱吏，非常惊奇，于是让他书写治狱的文书。父亲死后，张汤继承父职，为长安吏，任职很久。

周阳侯田胜在任职九卿时，曾因罪被拘押在长安。张汤一心帮助他。他在释放后被封为侯，与张汤交情极深，引见张汤遍识各位贵族。张汤担任给事内史，为宁成掾，因为办事无误，又被推荐给丞相，调任为茂陵尉。

茂陵也是天子脚下的地方，刘彻把自己的墓都选在这里，张汤这算是熬出头了。后来田蚡得势，把张汤要了去，举荐其为侍御史。虽然是田蚡的党羽，但是田蚡死后，张汤并没有被刘彻清除，刘彻听说过他，知道他是专业的办案高手，所以让张汤来查阿娇。张汤办案效率奇高，很短时间内逮捕各色人等三百多号，包括那个搞巫术的女巫楚服也抓住了，一边审问一边罗织，形成卷宗上报刘彻。刘彻不怕把事情闹大，大了才好，不大怎么废掉阿娇。三百多号人斩首的斩首，下狱的下狱。

陈阿娇自被封到被废，并没有几年时间，说她年老色衰恐怕还谈不上。

成也萧何，败也萧何。当年联姻，是出于政治考虑，如今废后，自然也是政治的需要。

一个标准的皇帝，凡事以政治为先，他不允许身边的人居功自傲。而陈阿娇和她母亲却犯了“大忌”，时常提出一些过分的要求，再加上阿娇的不孕及后来搞“巫蛊”，被废是必然的。

所谓的“长门一步地，不肯暂回车”，不仅是爱情的衰竭，更是“权衡”的结果。

汉武帝作为一个强势男人，他不同于唐高宗李治，在他身边容不下武则天这样专横的女人。从这一点讲，陈皇后的先天政治优势是个“大硬伤”。

卫子夫：皇上，臣妾真的冤枉啊！

卫子夫原本是汉武帝的姐姐平阳公主家的一个歌女。汉武帝在平阳公主家的一次宴会中，先是被卫子夫清婉悠扬、甜润悦耳的歌声所打动，接着又为其双目含情、妩媚可人的容貌所倾心。在宴会还没有结束的时候，汉武帝就迫不及待地“宠幸”了她，并带回宫中。刘彻非常喜欢这位歌女出身的卫子夫，但由于受到阿娇的排挤

和皇太后的憎恶，卫子夫被冷落后宫之中近一年。后来，汉武帝对她百般恩宠。卫子夫生下汉武帝的长子刘据后，被立为皇后。六年后，刘据被立为太子，卫氏家族也因此得到极大恩宠。她的弟弟卫青被任命为车骑将军，迎击匈奴。卫青的外甥霍去病也被提拔重用。正是由于卫青、霍去病在征讨匈奴时的所向披靡、战无不胜，才使得汉军彻底打垮了匈奴的主力，使匈奴元气大伤。从此以后，匈奴逐渐向西北迁徙，出现了“漠南无王庭”的边境安宁，匈奴对汉朝的军事威胁基本上解除。汉武帝也因此更加宠爱卫子夫。作为“汉武帝的贤内助”，因为卫子夫的存在，卫青、霍去病才被汉武帝重用，开疆辟土，东征西讨，立下赫赫战功。然而，对于一个女人来说，特别是皇帝所宠幸的女人，随着时间的流逝，容颜的衰老，其受宠程度也江河日下，慢慢地被李妍和钩弋夫人等新生力量所取代。在卫子夫被立为皇后的第三十八年，因为太子刘据所谓的“巫蛊事变”被人陷害，最终因为不能自明而自杀。

汉武帝到了晚年的时候，这位在中国历史上素以雄才大略著称的皇帝和其他的君王一样，在享受到至高无上的权力和后宫粉黛如云的美色之后，就想着如何才能长生不老，永远能享受到天下的荣华富贵。疾病在向他逼近，躺在未央宫中，他开始担心自己是否会因病而死，并且怀疑自己的疾病是否是有人在诅咒他而引起的。武帝信任酷吏江充，任命为直指绣衣使者。江充见武帝年老多病，且多疑，遂妄称武帝病在巫蛊。于是开始查办后宫中不受宠幸的夫人，依次查到皇后卫子夫。而整个后宫在卫皇后的治理下，无人行巫蛊之事。江充遂带领胡巫来到皇后寝宫椒房殿，毁御座掘地以查蛊，仍一无所获。

最后，江充终是将铁锹挖到了太子东宫，在按道侯韩说、御史章赣、黄门苏文的帮助下，得到了桐木人偶。

太子刘据欲往甘泉行宫辩白却遭江充等人限制，无法向武帝辩明情况，情急之下又无上策，便听从少傅石德之计。将江充缉拿，并斩杀韩说。而协助江充办理此案的御史章赣逃出，去往甘泉行宫见武帝。尽管后宫经历查蛊一事人心惶惶，宫外又情势紧急，卫子夫依旧有条不紊地维持着宫禁秩序。因太子能指挥到的车马有限，刘据希望得到母亲的支持，在决定起兵后连夜派舍人求见皇后时，仍需持符节进入长秋门，通过长御倚华呈报皇后。卫皇后果断行使皇后的权力，调动中厩皇后的马车装载射手，搬取武库的兵器，调发长乐宫的卫队以助太子。太子向文武百官宣称江充造反，斩杀江充巡示朝野，并在上林苑烧死了一众胡人巫师。

刘据起兵后，武帝认为太子一定是受到了江充等人的陷害才这样做，便派遣使者入长安探查。使者却因胆怯未敢入城，对武帝谎称太子造反要杀自己。武帝于是大怒，派左丞相刘屈氂发兵讨逆。面对刘屈氂手中这道不知真假的皇帝玺书，太子宣称武帝在甘泉宫病重，发兵是怀疑京城有变，奸臣想作乱。武帝在这时从甘泉宫回长安，驾临长安城西建章宫，下诏征发三辅附近郡县之兵，及两千石以下官吏皆归刘屈氂统领。刘据因此无法调遣三辅军队，便派遣使者假传诏令赦免长安城中诸官府中的囚徒，征发看守武库的军队，并派使者如侯持符节去调动长安附近长水和宣曲两地的胡人骑兵，命令他们全副武装之后前来长安会合以充军。然而武帝派遣的使者侍郎莽通赶到，告知长水校尉太子的符节是假的，并斩杀如侯亲自引长水、宣曲胡骑入长安。武帝又征发船兵，一并交由大鸿胪商丘

成统领。而后，护北军使者任安虽接太子发兵符节却作壁上观。太子刘据屡次调兵失败，故所率兵卒与刘屈氂的官兵数量差距越来越大。太子领兵离开北军，驱使长安四市的百姓共有几万人。来到长乐宫西阙下面时，碰上了刘屈氂的军队，混战五日后，血流入渠，死者数万。长安城中扰乱，传言太子造反，因此民众不再归附太子，归附刘屈氂军队的逐渐增多。太子不敌，战败出奔。武帝诏遣宗正刘长乐、执金吾刘敢奉策收回用以帮助刘据起兵、象征皇后实权的皇后玺绶，却并未使有司下废后诏书，亦未令卫皇后搬离椒房殿。卫皇后不愿受辱，或为子担责，或以死明志，自杀。

至此，母仪天下三十八载，陪伴汉武帝四十九年的卫皇后溘然长逝。偌大的未央宫在经历过一场血色浩劫之后依旧壮丽而雄威，只是长秋门后的中宫椒房殿，再一次失去了主人。

钩弋夫人：立你儿子，就要先杀了你

钩弋夫人在汉武帝东巡时被选入宫。因貌美聪敏，善于歌舞受宠，为其修“钩弋宫”号“钩弋夫人”。钩弋夫人擅长攥拳藏阄游戏，又称“拳夫人”，后晋封为赵婕妤。据说，是一段奇缘促成了汉武帝与她的相遇。

汉武帝刘彻巡狩，路过河间国武垣城（位于今肃宁县窝北乡垣城南村，现仍存有旧城墙遗址）。观天相、占卜吉凶的“望气者”对武帝刘彻说此地肯定有奇女，武帝立即下诏寻找。

果然如望气者所言，一会儿的工夫，随行官员就找到一位年轻漂亮的女子，据说此女天生双手握成拳状，虽年已十多岁，但依然不能伸开。武帝唤此女过来，见其双手果真是紧握拳状，武帝伸出双手将这女子手轻轻一掰，少女的手便被分开，在手掌心里还紧紧地握着一只小玉钩。随后，武帝命人将此女扶入随行的轺车，将其带回皇宫，号为“拳夫人”，此女便是赵氏。

赵氏的父亲当时已经去世，他曾犯法被处以宫刑，做了宦官，任中黄门，死于长安，葬于雍门。

有人认为赵氏是小儿麻痹才会双手握拳，但这无法解释武帝能展开她的手并且手里有玉钩，也有人认为握拳藏钩就是当地官员和随行人员取悦皇帝的一出好戏，赵父的宦官生涯使得赵氏的美貌被一些官员得知，于是趁着这个机会将赵氏送给皇帝。

拳夫人后晋升为婕妤，即赵婕妤，居住于甘泉宫中，她的宫殿被命名为钩弋宫，所以也称钩弋夫人。太始三年（前94年），生子，取名弗陵，号钩弋子，即为汉昭帝。据说弗陵和上古尧帝一样是怀胎十四月而生，于是称其所生之门为尧母门。

征和二年（前91年），发生了著名的“巫蛊事变”。皇后卫子夫、太子刘据因受苏文、江充、韩说等人诬陷不能自明而起兵，兵败后自杀。之后武帝一直没有立太子。

武帝一生有六个儿子，次子齐怀王刘闳早逝，巫蛊之祸后，可以继承皇位的共有四人。燕王刘旦在刘据死后上书自请入京，希望

立为太子，武帝大怒，削其三县。广陵王刘胥为人骄奢，好倡乐逸游。昌邑王刘髆是李夫人之子，李广利的外甥。李广利和丞相刘屈氂是儿女亲家，二人一起策划谋立刘髆为太子，事发后李广利投降匈奴，刘屈氂被腰斩。在汉武帝去世的前一年，刘髆先他父亲一步去世了。刘弗陵作为最年幼的儿子，“壮大多知”，极像武帝少年之时，值得期待。武帝有心立之，但考虑到钩戈夫人正值妙龄，害怕其骄横淫乱，恣意妄为，鉴于吕后专权的教训，为了避免女主擅政，危害社稷，决定临死前借着一点小事，将其赐死，除掉了钩戈夫人。

关于钩弋夫人的死因，《汉书》和褚少孙在《史记》补记里记载的稍有不同。班固在《汉书》里记载汉武帝在甘泉宫休养期间，钩弋夫人随侍在侧，犯了过错，武帝斥责钩弋，后来钩弋夫人忧死于云阳宫，就地下葬。

褚少孙在《史记》里补记道：武帝在甘泉宫让人画了一张周公背成王朝见大臣的图，并赐给奉车都尉霍光，于是左右大臣知晓武帝预立少子为太子。数日之后武帝斥责钩弋，钩弋褪下簪珥连连叩头。武帝命人将其拖走送到掖廷狱（掖廷即后宫），被拖走的钩弋回头求饶，武帝说：“快走！你活不了了！”之后钩弋死于云阳宫。使者夜间抬棺将其下葬，并把她的住处封掉。

据说，近臣都为钩弋夫人之死而伤感，汉武帝也深感内疚，于是在甘泉宫前建“通灵台”以表怀念。

班婕妤：才华与美貌，终抵不过万种风情

在赵飞燕入宫前，汉成帝最为宠幸的是班婕妤。班婕妤在后宫中的贤德是有口皆碑的。当初汉成帝为她的美艳及风韵所吸引，天天同她腻在一起，班婕妤的文学造诣极高，尤其熟悉史事，常常能引经据典，开导汉成帝内心的积郁。班婕妤又擅长音律，常使汉成帝在丝竹声中，进入忘我的境界，对汉成帝而言，班婕妤不只是他的侍妾，她多方面的才情，使汉成帝把她放在亦妻亦友的地位。

汉朝时期，皇帝在宫苑巡游，常乘坐一种豪华的车子，绫罗为帷幕，锦褥为坐垫，两个人在前面拖着走，称为“辇”；至如皇后妃嫔所乘坐的车子，则仅有一人牵挽。汉成帝为了能够时刻与班婕妤形影不离，特意命人制作了一辆较大的辇车，以便同车出游，但却遭到班婕妤的拒绝，她说：“看古代留下的图画，圣贤之君，都有名臣在侧。夏、商、周三代的末主夏桀、商纣、周幽王，才有嬖幸的妃子在座，最后竟然落到国亡毁身的境地，我如果和你同车出进，那就跟他们很相似了，能不令人凛然而惊吗？”汉成帝认为她言之成理，同辇出游的想法只好暂时作罢，当时王太后听到班婕妤

以理制情，不与皇帝同车出游，非常欣赏，对左右亲近的人说："古有樊姬，今有班婕妤。"在这里，王太后把班婕妤与春秋时代楚庄公的夫人樊姬相提并论，给了她这个儿媳妇最大的嘉勉与鼓励。楚庄王才即位的时候，喜欢打猎，不务正业，樊姬苦苦相劝，但效果不大，于是不再吃禽兽的肉，楚庄王终于被感动，改过自新，不多出猎，勤于政事。后来又由于樊姬的推荐，重用贤人孙叔敖为令尹宰相，三年而称霸天下，成为"春秋五霸"之一。

王太后把班婕妤比作樊姬，使班婕妤的地位在后宫更加突出。班婕妤当时加强在妇德、妇容、妇才、妇工等各方面的修养，希望对汉成帝产生更大的影响，使他成为一个有道的明君。可惜汉成帝不是楚庄王，自赵飞燕姐妹入宫后，声色犬马，班婕妤受到冷落。

赵氏姐妹入宫后，飞扬跋扈，许皇后十分痛恨，无可奈何之余，想出一条下策，在孤灯寒食的寝宫中设置神坛，晨昏诵经礼拜，祈求皇帝多福多寿，也诅咒赵氏姐妹灾祸临门。事情败露以后，赵氏姐妹故意讲，许皇后不仅咒骂自己，也咒骂皇帝，汉成帝一怒之下，把许皇后废居昭台宫。赵氏姐妹还想利用这一机会对她们的主要情敌班婕妤加以打击，糊涂的汉成帝色昏头脑，居然听信谗言。然而班婕妤却从容不迫地对称："臣妾知道人的寿命长短是命中注定的，人的贫富也是上天注定的，非人力所能改变。修正尚且未能得福，为邪还有什么希望？若是鬼神有知，岂肯听信没信念的祈祷？万一神明无知，诅咒有何益处！我非但不敢做，并且不屑做！"汉成帝觉得她说的有理，又念在不久之前的恩爱之情，特加怜惜，不予追究，并且厚加赏赐，以弥补心中的愧疚。

班婕妤是一个有见识，有德操的贤淑妇女，哪里经得起互相谗构、嫉妒、排挤、陷害的折腾，为免日后的是是非非，她觉得不如急流勇退，明哲保身，因而缮就一篇奏章，自请前往长信宫侍奉王太后，聪明的班婕妤把自己置于王太后的羽翼之下，就再也不怕赵飞燕姐妹的陷害了，汉成帝允其所请。

从此深宫寂寂，岁月悠悠。班婕妤悯繁华之不滋，藉秋扇以自伤，作《团扇诗》，又称《怨歌行》：

新裂齐纨素，皎洁如霜雪。

裁作合欢扇，团圆似明月。

出入君怀袖，动摇微风发。

常恐秋节至，凉飚夺炎热。

弃捐箧笥中，恩情中道绝。

班婕妤自知，自己如秋后的团扇，再也得不到汉成帝的亲怜密爱了。不久，赵飞燕被册封为皇后，赵合德也成了昭仪，然而这一切在班婕妤看来，似乎都与她毫无关联了，心如止水，形同槁木的她，除了陪侍王太后之外，长昼无俚，弄筝调笔之余，间以涂涂写写，以抒发心中的感慨，从而为文坛留下了许多诗篇。韩愈在《柳子厚墓志铭》中讲过这样一段话：“然子厚斥不久，穷不极，虽有出于人，其文学辞章必不能自力，以至必传于后如今无疑也。虽使子厚得所愿，为将相于一时，以彼易此，孰得孰失？必有能辨之者。”这话用来讲班婕妤也适合，倘若班婕妤一直得到汉成帝宠幸，她是否会为文坛留下许多优美的诗篇呢？两者相比，孰得孰失，谁又能讲得清呢？

汉成帝在绥和二年三月，崩于未央宫。汉成帝崩逝后，王太后让班婕妤担任守护陵园的职务，从此班婕妤天天陪着石人石马，谛

听着松风天籁，眼看着供桌上的香烟缭绕，冷冷清清地度过了她孤单落寞的晚年。死后，葬于成帝陵中。班婕妤的一生，从繁华到萧瑟，是中国几千年封建社会历代帝王后宫嫔妃们的普遍人生境遇。她们或许凭借才华美貌，能赢得帝王的一时喜爱或宠信，但终会因人老色衰或其他种种原因而被无情地抛在一边，渐渐被忘却。更言之，班婕妤的生命历程，也是男权社会中女性悲剧命运的缩影。

第七卷　乱政篇

外戚宦官逞风流，汉家王气黯然收

两汉时期的太后、外戚与宦官，在历史舞台上极为活跃。他们权势很大，或心狠手辣，或飞扬跋扈，或贪得无厌，或权欲熏天，令一个让人热血沸腾的汉朝，渐行渐远。从此，帝国不再是那个帝国，潘多拉的盒子被打开了，男人与女人，君子与小人，英雄与恶棍，共同制造混乱，并残忍地终结了汉朝的命运。

吕雉：论心狠手辣，汉朝没谁了

史书上说："吕后为人刚毅，佐高祖定天下，所诛大臣多吕后力。"即是说汉初剿灭诸侯王的运动中，吕后出了很大力，有很多人遭其迫害。汉初是中央集权和地方割据势力斗争十分激烈的一个时期，此时地方势力的强大势必要威胁到中央集权。

所以，吕后协助刘邦消灭这些诸侯王，说明她是一个非常有政治头脑的女人。

汉高祖刘邦曾杀马立誓："非刘氏而王者，天下共击之"之后，病情逐渐恶化，吕后为其找了很有名气的医生。但是，高祖却不愿接受治疗，他认为自己已经不行了，即使是神医下凡，也治不好他的病。于是，他迅速着手安排后事。吕后早有野心，见高祖就要命归西天，便问："陛下百年之后，如果丞相萧何也死了，谁能接替他？"刘邦想了想说："曹参可以。"吕后又接着问："曹参以后谁可接替呢？"刘邦说："王陵能接替，不过他这个人忠厚正直却有些愚笨，可以让陈平来协助他。陈平很有智谋，但他不能够独当一面。周勃这个人虽说没多少文化，但他办事稳重，为人厚道，将来安定刘家天下的必定是他，可以让他做太尉。”不久，刘邦去世。

刘邦一死，为争夺权力，吕后开始四处活动起来。她偷偷地和自己的亲信审食其商量，企图杀害功臣。她对审食其说：“朝廷中的大将，当年和高祖一样，都是平民百姓，后来对着皇帝称臣，现在又要他们来辅助年轻的皇帝，他们怎么会甘心呢？我看不如把他们一个个除掉，也免得以后生出麻烦。”有人听到这个消息后，立即跑去告诉大将郦商。郦商对审食其说：“我听说陛下已经驾崩四天了，你们却打算杀害功臣，这不是给天下制造危险吗？陈平和灌婴带着十万兵马驻守在荥阳，樊哙和周勃率领二十万兵马在平定燕代，如果他们听说陛下已经去世，朝廷又想杀害他们，那他们联合起来造反不就坏事了吗？”审食其把这话转告吕后，吕后也觉得不能轻举妄动，就把太子刘盈立为皇帝，是为汉惠帝。

汉惠帝刚满 17 岁，天生软弱无能，身体又不太好，吕后自然掌握了朝中大权。此时，为巩固政权，报复仇敌，她准备对刘氏子孙痛下毒手。

由于争宠和定立太子等问题，吕后平日最嫉恨深受高祖宠信、疼爱的戚姬和刘如意。高祖刘邦死后，吕后命人剃光戚姬的头发，用铁链锁住她的双脚，又给她穿了一身破烂的衣服，关在一间潮湿阴暗、破烂不堪的屋子里。更有甚者，吕后还迫使戚姬一天到晚舂米，舂不到一定数量的米，就不给其食物。与此同时，吕后又把戚姬的儿子赵王刘如意从封地上召到京城里，准备杀害他。汉惠帝听说母亲吕后把刘如意召来，知道吕后想要下毒手，便赶紧派人把刘

如意接到皇宫里，吃饭休息都跟他在一起。两人从小一起玩耍长大，惠帝对这个弟弟非常疼爱，所以就尽自己最大的力量保护他。吕后虽然气得咬牙切齿，但有好几个月都没有机会对刘如意下手。这一天，汉惠帝清早起来出去打猎，刘如意由于睡懒觉，没有跟着去。吕后终于找到了可乘之机，她派人送去毒酒，把刘如意害死了。汉惠帝打猎回来发现刘如意被毒死后，抱着这位少弟的尸体大哭了一场，之后只好让人埋掉了。刘如意死后，吕后让人砍掉戚夫人的手脚，挖掉眼珠，弄聋耳朵，又灌了哑药，将其叫作“人彘”，放在厕所里面。过了不久，吕后又叫汉惠帝来看“人彘”，惠帝认出这个没了手脚、又瞎又聋又哑的“人彘”是戚夫人后，悲伤得大哭了一场，病了一年多。他在病中对吕后说：“把人折磨成这个样子，这哪里是人的行为？我作为您的儿子，没有脸再治理这个国家了。”从此，他天天喝酒作乐，也不再管理国家大事，到他即位的第七年就在忧伤中死去了。

汉惠帝死后，吕后装模作样地哭了一场，但是眼里没有一滴眼泪。这时候，张良的儿子张辟疆看出了吕后假哭的秘密，就对丞相陈平说：“太后哭惠帝，却没有眼泪，因为她很怕你们这些功臣。如果你请太后的子侄掌握大权，太后就放心了，你们这些人就不会有危险了。”陈平听从了他的意见，吕后真的高兴了，再哭也有眼泪了。

汉惠帝的张皇后没有生儿子，吕后命人从宫中抱来一个美人生的婴儿作为皇位继承人，并把那个美人给杀了。这个婴儿当了皇帝，历史上称为少帝。与此同时，握有朝中大权的吕后希望封吕家的人为王，但她又怕大臣们反对，于是就征求右丞王陵的意见。

王陵是个直心肠，他当时就表示反对，对吕后说："不行！高祖在世的时候，曾经杀白马订盟约，规定不是刘家的人不得封王，没有功劳的人不得封侯，谁不遵守这个盟约，天下人共同讨伐他！如今您要封吕家的人为王，这是违背盟约的，我不能同意！"吕后听了这话，面现不悦。陈平和周勃见她神色有变，偷偷交换眼色后，互相微微点头，齐声说道："高祖皇帝平定天下，曾封子弟为王，今太后掌管朝政，分封吕氏子弟又有什么不可呢？"吕后听了这番话后，立即转怒为喜。

不久，吕后耍了个"明升实降"的政治手腕，免掉了王陵右丞相的职务，令他去做少帝的老师。王陵很生气，假说自己有病，告假回乡。这正中吕后的心意，她立即把左丞相陈平升为右丞相，把亲信审食其提升为左丞相。紧随其后，吕后又向大臣们放出口风，极力鼓吹自己的侄子吕台，希望大臣们出来保举吕台封王。自从王陵告病还乡，朝中正直的大臣也常托病在家，没有人再敢违背吕后的意思，因此，大臣们顺从了吕后的意见，为吕台请封，吕后把吕台封为吕王，把济南郡作为他的封国。不久，吕台死了，他的儿子吕嘉继为吕王。由于朝中无人直接公开反对，吕后越发放开手脚，又封了几个王侯，其中封吕产为梁王，吕禄为赵王，吕台的儿子吕通为燕王，此外还封了六个吕家的人做列侯。

由于吕太后的专权，吕氏子侄一个个被破格提拔，吕后恐怕刘吕两姓互相争斗，就想出了一条亲上加亲的计策。她把吕禄的女儿

嫁给齐王刘肥的二儿子朱虚侯刘章，又让赵王刘友、梁王刘恢娶了吕氏妻子，希望可以使刘吕两姓相安无事。结果，刘友的妻子到长安告密，说刘友造反，吕后立即把刘友抓住，活活地把他折磨死了。梁王刘恢也很快就自杀了。

待少帝渐渐长大，懂得一点人情世故后，听说张皇后不是他的母亲，吕后不是他的祖母，他的亲生母亲已经被害死了，就愤愤不平地说："太后怎么杀了我的母亲？我现在还小，将来长大了，一定要替我母亲报仇！"这话很快就传到吕后那里，她哪里能够容忍？于是，她把少帝偷偷杀害，又找一个名叫刘弘的小孩子来做皇帝，也称少帝。刘弘没有年号，不过是吕后手中的玩具。到这时候，吕太后和她的侄子侄孙们，已经把刘氏的天下篡夺了。

由于吕后的专权和吕氏家族的过分膨胀严重损害了刘氏和元老派的利益，在吕后病笃并仍手握权柄时，刘家子孙和一班元老重臣已容不得她继续放肆，朱虚侯刘璋和周勃、陈平等人联合起来先发制人，发动兵变。吕后不曾料想，她的兄弟、侄子吕禄、吕产等人虽手握重兵，却不堪一击，最终她在惊吓中黯然死去。

吕后个性刚毅阴狠、不甘雌伏。然而早年她并非如此，她为刘邦历尽艰辛，九死一生，还称得上是贤惠的女人。吕后最为后世垢病的缺点是妒心太重，私心太重，手段过于残酷，一心想以吕氏来取代刘氏千辛万苦得来的江山，终至败亡。

王政君：无心乱汉室，一手扶权臣

王政君的皇后生涯是冷清孤独的。自从她生下刘骜，很少被刘奭召幸。在王政君遭受冷遇的时候，元帝对傅昭仪却是非常宠幸，因此对傅昭仪所生的儿子定陶王刘康十分钟爱，认为他多才多艺，“坐则侧席，行则同辇”，形影不离。渐渐地，对王政君所生的太子刘骜就不那么满意了。尤其是后来太子常饮酒作乐，不务正业，元帝更觉得他无德无能，不堪大任。因而，常常想废掉刘骜，改立刘康为太子。这使王政君与太子都忧惧不安，茶饭无味。

王政君母子找到元帝的宠臣史丹，双双跪倒在史丹面前，请求史丹相助。史丹见皇后和太子给自已跪下，自然不敢接受，立即也跪倒在地，同时搀扶起他们，说：“我是拥护刘骜为太子的，誓死相助！”

史丹多方斡旋，鼎力相助。一次，汉元帝病重，于宫中休息，史丹在旁周到侍候，后来众人退去后，室内只剩元帝一人独寝，史丹关闭屋门，突然跪于汉元帝卧榻之旁。涕泣满面，非常

虔诚而且委婉地说："皇太子以嫡长子而立，已十几年了，天下臣民，无不归心。现在外面流言纷纷，说陛下要改立定陶王为太子而废刘骜，果真如此，公卿定然不会奉诏，与其如此，臣愿先被赐死。"

史丹是汉元帝的宠臣，对汉元帝一直忠心耿耿，而且智谋过人，很多大事的决策元帝都听他的建议。此时，汉元帝见他情真意切，也为之动容，知道行废立之事阻力很大，只好喟然长叹："哎，我也是左右为难呀。太子与定陶王都是我的爱子，我怎能不替他们考虑呢？但念皇后王政君为人谨慎谦恭，遵法循礼，不愧一代贤后；先帝又喜爱太子，我岂能有违先帝于九泉之下啊？你不用多言了。我的病恐怕难以痊愈，到时候，还望你们好好辅佐太子，别让我失望才好啊。"

就这样，太子之位保住了，王政君也当然随之渡过险关，依然做当朝皇后，母仪天下。竟宁元年（前 33 年）5 月，年仅 43 岁的汉元帝病死，太子刘骜即位，是为汉成帝。王政君被尊为皇太后。

王政君认为，权力必须牢牢掌握在自己的手中，至少要掌握在自己的家族手中。成帝即位后，依旧沉湎酒色，皇太后王政君乘机操控了朝政。她得势之后，重用外戚，长兄王凤被任命为大司马大将军领尚书事。从王凤开始，在王政君的裙带提携下，外戚迅速崛起，拉开了西汉王朝外戚专权的帷幕。

王氏兄弟五人同日受封，有"五侯"之称，后来兄弟皆为列侯，其子弟辈也以卿大夫侍中诸曹"分据势官满朝廷"。作为政府百官首脑的“大司马大将军领尚书事”一职，王凤之后，依次为王音、王商、王根、王莽，几乎全为王氏垄断，基本上形成了王氏外戚把持朝政的局面。

王氏子弟以“五侯”为首，在皇太后王政君的羽翼下，声色犬马，纵情自乐，并大置宅第，其宅第规模宏大，数里之间相望不断。他们广占民田，盘剥百姓，弄得朝政腐败，民怨载道，各地相继爆发了农民起义。

成帝处在皇太后及其家族的操控下，从此不再关心朝政，反而更加追求荒淫腐朽的生活。有意思的是，就连他的私生活，也常常会受到王政君的干涉。

成帝即位后，立许氏为皇后。许皇后是元帝时大司马车骑将军平恩侯许嘉之女，成帝为太子时由元帝选配为妻。许皇后聪慧智达，善写文章，又擅于书法，加上年轻貌美，从太子妃到立为皇后，深得成帝的宠幸，后宫其他妃子很少能得到召幸。因此，皇后之父许嘉权势日隆，使同时辅政的大司马大将军阳平侯王凤等人深感不安。汉家的传统，后父重于帝舅。当时有位叫杜钦的人劝说王凤：“车骑将军（许嘉）是皇后之父，将军身为国舅，要对他尊敬，不要让他有何不快。‘小不忍则乱大谋’，不可不慎。况且前车之鉴，有目共睹，愿将军明察。”对此态势，皇太后王政君和她的王氏兄弟们不甘坐视，以许皇后专宠会影响皇帝继嗣不广为借口，减少了后宫的用度开支，借以打压许皇后的势力。当时，全国各地出现了连续大灾，灾害严重，灾民涌起，这正给王政君与王氏兄弟对付许氏家族提供了依据。他们群起而攻

之，借机捏造陷害许皇后的事实，说这些大灾都应当归咎于后宫失德。三人成虎，人们都这样说，就连汉成帝也无话可说。此后许后渐渐失宠。这时，汉成帝写诏书，让许嘉辞职。许嘉只好找个借口退出辅政大臣之位。

与此同时，许后的姐姐平安刚侯夫人许谒等以媚道之法诅咒后宫怀有身孕的王美人与王凤等人。恰被早已对皇后之位垂涎三尺的赵飞燕、赵合德姐妹发现。她们立即向王政君予以揭发。身为皇太后的王政君极为震怒，结果，许谒被诛杀，许皇后被废黜于上林苑中的昭台宫。

许后被废后，成帝想立赵飞燕为后，王政君又百般阻碍赵飞燕的发展。

赵飞燕很聪明，她认为许后被废以后，自己到了非常时刻。但是，要想当皇后，首先要过皇太后这一关，否则一事无成。她采取迂回战术，千方百计拉拢太后的姐姐，让太后的姐姐帮她说话，终于得到皇太后的认可。

永始元年四月，即公元前 16 年，成帝册立赵飞燕为皇后，赵合德则被封为昭仪，从此赵氏姐妹此唱彼和，一同受宠。但是，她们没能因此而一劳永逸。绥和二年（前 7 年），汉成帝暴死于未央宫。消息传出，朝廷民间俱为震惊，认为赵昭仪是害死成帝的罪魁祸首，王政君下令，赵合德也就自杀谢罪了。汉成帝死后，汉哀帝即位。因为赵飞燕有恩于汉哀帝，汉哀帝继续让她当了皇太后。但好景不长，哀帝一死，王氏家族的一员也逼迫赵飞燕自杀了。许后被废，赵氏姐妹先后自杀，此后一段时间没人和王氏家族竞争，其势力牢固如铁桶一般。

王莽，是王政君三弟王曼的儿子，后来王氏势力的核心人物之一。他的发迹，恰是王政君裙带政治的结果。王莽家境贫寒，但对长辈“曲有礼意”，当年王凤生病，王莽服侍左右，忙里忙外，以至于“乱首垢面”。后来，在众人推举之下，王政君给他封官加爵，但他“节操愈谦”“折节力行”。王莽非常聪明，政治头脑成熟，手段高超。他牢牢抱住王政君这棵大树，当然也从王政君那里捞足了政治资本，为其最后当皇帝做了充足的准备。

汉成帝驾崩以后，汉哀帝即位。这时，王政君又下诏让王莽辅政，给了王莽绝好的施展才华、扩大政治势力的机会。

哀帝对王氏家族不满，对王氏家族实施打击。他说：“先帝十分厚待王根、王况，而今乃背恩忘义！”因为王根曾经有功于国家，于是只是将其还遣封国，免为庶人，归故郡。王根及王况之父王商所荐举为官的人，皆予以罢免。这样，王氏外戚的势力受到削弱，王莽当然在退出辅政的大臣之列。后来，哀帝迫于朝野上下的压力，不得不以王政君为名，下诏将王莽召回，并予以执政。因此可以说，当时王政君还是实际掌权者。

元寿二年（前 1 年），汉哀帝死于未央宫，哀帝无子，王政君立即入宫，掌握了象征最高权力的传国玉玺。她起用王莽，委以军政大权，逼死董贤，立中山孝王 9 岁的儿子刘衎即位，是为汉平帝。

王政君虽然高高在上，东山再起的王莽却逐渐地将她架空，掌握了实际权力。以致最终王莽逼宫夺玉玺，王政君只能咬牙顿足，拿出传国玉玺掷到地上痛骂不已。东汉班彪曾说：“王莽得势，正是

王政君历汉四世，飨国六十余年中，倚重外戚的结果。当权势不再的时候，她还心怀恋惜，握着汉家传国玺，不想交给王莽。妇人之仁，可悲啊！”建国五年（13 年）二月，王政君以 84 岁的高寿离开人世。新朝皇帝王莽宣布为她服丧三年，并将她葬于元帝渭陵（位于今陕西西安北）陵城的司马门内。

从历史上来看，如果没有王政君，没有王政君一手缔造的王氏集团，就不会有王莽做皇帝。其实，王政君缔造了王氏集团，也造就了王莽。

王政君从元帝时出现在政治舞台上，先后以皇太后、太皇太后的身份把持朝政，并一度临朝称制、俯视四海。富有讽刺意味的是，这位历经四朝、贵为天下国母、享年 84 岁的寿星皇太后，不仅目睹了西汉衰败亡国的全过程，而且是她把西汉传国玉玺交给了王莽。王政君从出现在西汉政治舞台伊始，就是以挽歌手的姿态走向西汉政治权力核心的，她本人也在难言之中结束了自己传奇的一生。

赵飞燕：不是我们生的，一个不留

刘骜是个喜好歌舞的风流皇帝，赵飞燕擅长歌舞，特别是舞蹈，为了讨刘骜的欢心，她把单人舞逐渐发展为群体舞，各种舞姿的变化时有新招，这些都是以赵飞燕为首组织和进行专业化训练的，因而当代人们称之为宫廷杰出的舞蹈家。她尤其擅长一种独特的舞步叫“踽步”，近似戏曲歌舞中的“花梆步”舞步，走起来好似手执花枝，轻微地颤动。当时，除了赵飞燕，没人能走得如此娴熟自如，多姿多态。赵飞燕的轻盈舞技在我国的舞蹈史上已达到相当高的水平。特别是那时舞人已懂得“用气”和“运气”控制呼吸，因而能使舞姿轻盈优美。

因此，赵飞燕是我国古代歌舞史上最杰出的先驱，她是一位了不起的舞蹈艺术家。明代艳艳生的小说《昭阳趣事》中有幅木刻为《赵飞燕掌上舞图》，描绘的是赵飞燕站在一个太监的手上，挥袖回首而舞的姿态。当然，汉、明两代相去一千多年，这也只是古人所做的臆想而已，不过这种臆想的夸张，却也来源于生活的真实。明代著名画家仇十洲作《百美图》，画历代美女一百个，其中就有赵飞燕舞姿图。画面呈现舞者盛装，披巾，在一小方毯上起舞，她平展双臂，翻飞长袖，右腿微屈而立，左腿屈膝轻提，头部微倾，表情温婉。所有这些，都反映了赵飞燕在古代舞蹈艺术上的惊人成就。

由于赵飞燕获宠，赵氏一门得以荣光。但赵氏人少族微，所以赵飞燕的后宫专宠并没有对朝政产生多大影响，同时，微贱的出身还为她能否得到专宠罩上了一层阴影。因此入宫不久，她就把妹妹赵合德推荐给汉成帝，以弥补家族势力的不足。赵合德入宫数日，就被封为婕妤，两姐妹轮流承欢侍宴。成帝一刻见不到赵氏姐妹，便心神不安。姐妹俩的话，成帝更是言听计从。原先被皇帝宠爱有加的许皇后与班婕妤，此时备受冷落。许皇后被废掉，班婕妤也侍奉皇太后去了。而赵飞燕则被册立为皇后，赵合德也被封为昭仪，两人并得宠幸，权倾后宫。

赵氏姐妹专宠十余年，久无子嗣，且始终没有生育的征兆。有记载说她们害怕别的嫔妃怀孕生子，威胁后位，就疯狂地摧残宫人。曹宫女生一男孩，竟被逼死，皇子也被扔出门外。许美人生一子，赵合德哭闹不已，逼迫成帝赐死母子。“生下者辄杀，堕胎无数。”当时民间就流传着“燕飞来，啄皇孙”的童谣。

赵飞燕知道，要想永保皇后桂冠，须生下一子，继承帝业。因此她焦灼地盼望着有个孩子。为了增加生育的机会，她常趁汉成帝夜宿赵合德处，淫乱宫廷，希望怀孕。赵合德听说后，认为姐姐的勾当一旦被皇上知道，必定人头落地。她曾经声泪俱下地劝告姐姐，无奈赵飞燕已经走火入魔，根本听不进去。

一天，汉成帝前往王太后处请安，并陪侍母后午膳，饭后有些疲累，就近想到东宫歇息片刻。午后入寂，宫女们正在廊下打盹。皇帝驾临，赵飞燕仓皇出迎，但见云鬓偏坠，发丝散乱，衣衫不整，满脸春情。汉成帝又听寝屋内有一声沉闷的男子咳嗽声传出，刹那间便明白了一切，拂袖而去。这一时期，汉成帝虽然专宠赵合德，无暇顾及赵飞燕，但也绝不允许她红杏出墙。

从东宫出来，汉成帝满脸愤怒地来到昭阳宫。赵合德十分敏感，立刻明白是怎么一回事了，急忙跪在地下自责道："臣妾孤寒，无强近之爱，一旦得备后庭驱使之列，不意独承幸御，立于众人之上，恃宠邀爱，众谤来集，加以不识忌讳，冒触威怒，臣妾愿赐速死，以宽圣怀。"说罢泪流满面，叩头不已。在赵合德的求情下，汉成帝答应对赵飞燕的事不再追究，只是派人捉到了那男子并斩首。从此他恨透了赵飞燕，更不愿再踏进东宫半步。

虽然"自作孽，不可活"，赵飞燕胡作非为，已弄成不可收拾的局面，但是兔死狐悲，为了姐妹之情，赵合德一次又一次地想尽了各种办法，以期弥补皇上与姐姐之间的裂痕。恰好遇到赵飞燕 24 岁生日，东宫里有一个庆祝仪式，在赵合德的连哄带骗下，汉成帝终于暂时忘记前嫌，来到东宫。在赵合德的导演下，赵飞燕装模作样地跪下来，痛心疾首，声泪俱下地诉说了自己对皇上的想念，以及两人的旧情。

汉成帝念及旧日恩爱之情，不禁动了恻隐之心。一个月后赵飞燕上书成帝，说她怀孕了。汉成帝自从 19 岁即位以来，时光荏苒，倏忽间已经年逾不惑，还无子嗣。如今听说皇后有了身孕，

着实大为兴奋，喜滋滋地批了一道圣旨，对赵飞燕表达了无限爱怜之意，叫她好好保重。皇后怀孕是当朝最大的事情之一。宫人进进出出，忙前忙后。然而，到了十月临盆期，由太医上奏，说是“圣嗣不育，一生下来便夭折了”。汉成帝日夕盼望的喜讯成了泡影，失望之余也懒得再去东宫。然而，他哪里知道，赵飞燕根本就没有怀孕，这是为了继续争宠，瞒着妹妹所设的骗局。赵合德最终明白了是怎么一回事，对姐姐的这一行为十分愤怒，也十分惊惧。赵合德明白，这骗局一旦戳穿，必定死无葬身之地。赵合德狠狠地骂姐姐，使得赵飞燕猛然惊醒，懊悔交加，从此收敛形迹，过着一种自我流放式的幽居生活，不再招蜂引蝶，也不再贪恋荣华富贵了。

当时的朝政已被王氏外戚集团把持，汉成帝本有亲政的能力，但权力又夺不回来，内心很是痛苦无奈，于是就纵情声色来掩盖自己内心的悲哀。赵合德正值女性的鼎盛时期，需求益加强烈，因此不得不以春药来刺激皇上的欲念。绥和二年春天，因为欢娱过度，汉成帝竟然停止了呼吸。赵合德自觉羞愧不已，被王莽逼迫饮药自杀。之后不久，在王莽的背后支持下，朝中群臣指责赵飞燕“失妇道，淫乱宫闱，不生育，断了皇室的后代”等，故皇太后赵飞燕被贬为孝成皇后，迁居到北宫，过了一个多月，又废之为庶人，被迫自杀身死。

赵飞燕姐妹出身卑微，她们的发达靠的是汉成帝的色令智昏。不过，成帝在世时虽然给了她们的外家以封侯的赏赐，但并未给他们任何实质性的权力，根本无法使她们形成盘根错节的权力网络，与王氏外戚集团相比实在不可同日而语。赵飞燕姐妹当年的盛气凌人、飞扬跋扈，靠的是成帝至高无上的权位。成帝一死，她们立即陷入孤立无援的困境。特别是，由于她们在成帝当国时不知检点，树敌太多，与其他外戚、嫔妃间积怨太多太深。及至成帝寿终正寝，宿敌们一齐出来向赵飞燕姐妹身上泼脏水，有些趁机落井下石。众口铄金，使她们百口莫辩。

从某种意义来讲，赵飞燕姐妹不自觉地担当了外戚王氏夺刘汉政权的工具。就她两人而言，入宫见妒，不得不采取自保的措施，属于人之常情，终其一生，并未干预朝政，也未谗害忠良。只有毒杀有孕宫妃，断绝皇嗣，才是她们不可饶恕的罪过。

王莽：想要做大事，先搏好名声

说起王莽，我们就要说说所谓的“禅让”了。“禅让”这一制度据说源于上古社会，其中最为人们津津乐道的，便是尧、舜、禹之间的禅让故事。及至禹后，启继承天子位，从此便开始了“父传子、家天下”的世袭罔替。

然而此后，却也出现了不少的禅让故事，诸如王莽代汉、曹丕

登基、杨坚兴隋、赵匡胤开创大宋都在名义上采用了“禅让”的形式。这其中，当属王莽代汉最为典型，此后一切所谓的“禅让”，可以说都是从王莽处学来的。

或许正因如此，王莽在世人心中一直是一副乱臣贼子的形象，而他所开创的新朝，也未能被列入纪元。这对于王莽而言，未免有些委屈。倘若说他是外戚篡权的贼子，不能被纳入正统，那么隋文帝杨坚又做何解释？倘若说新朝执政的时间过短，不足以纳入纪元，那么大秦王朝号令华夏的时间不也是和新朝一样的15年吗？出现这种情况，是因为后继的东汉政权将西汉视为正统，在史书中当然要将新朝排除在正式纪元之外。此后，各朝各代的史官都沿用东汉的说法，于是新朝始终没能成为一个正式朝代。

当然，王莽的为人确实够阴险、够狡诈，这方面他不足称道。但是，他受“禅让”为皇帝的这一过程，着实令人叫绝。

王莽的父亲王曼是王太后的异母兄弟，但王曼死得早，未能封侯，相比之下，王莽家就比较寒酸。少年王莽立下大志，决心有朝一日位极人臣，让那些飞扬跋扈的兄弟们看一看。

要想爬上高位，必须要弄个诚实的好名声。于是，王莽发愤读书，勤学好问，生活节俭，疏远游手好闲之徒，结交饱读诗书的京中名士，对人礼貌，十分恭谨，于是在京城中首先获得了好名声。

有了好名声，并不等于能爬上高位，最关键的是那位当大司马的王凤。于是王莽就竭力讨好王凤。有一次，王凤得了病，他精心伺候伯父，一直守在病榻边，细心照料，事必躬亲。小至请医把脉，大至煎药倒尿，毫无怨言，煎好药时还要亲口尝一尝。王凤病重时，他衣不解带，昼夜服侍，脸都顾不得洗，这种诚心令伯父非常感动。王凤在临死之时，亲口向太后交托要她照顾王莽。王莽得以升为“黄门侍郎”，后又升为“射声校尉”。

除了王凤外，王莽对其他几位叔父，也千方百计地表示出尊敬、诚厚、老实、勤俭的样子。终于又感动了一位叔父王商。王商细一思量，这整个王家花花公子多，勤俭弟子少，真正能保住王家基业的只有王莽一个。于是他上书皇上，表示愿意把自己的封邑分出一半给王莽，让他也封侯。朝中大臣也纷纷上书，夸奖王莽德才兼备，应该重用，引起皇帝重视。成帝永始元年（前 16 年），王莽被封为新都侯，官职又升到骑都尉、光禄大夫。

王莽虽然做了大官，仍然是一副谦逊谨慎，诚厚忠心的样子，而且生活也十分节俭，不蓄家财，钱财都用于资助名士，颇有轻财重义的豪爽气概。

王莽的哥哥王永早死，王永的儿子王光和嫂子由王莽供养。王光在太学读书，王莽特地带了酒肉等礼物慰问王光的老师，与王光一同读书的同学也受到赠送。王莽身居高官，如此礼贤下士，令太学的先生们感激不尽，这些先生们官位低微，一副寒酸相，谁又看得起他们，唯独王莽慧眼有珠。这样一做，先生学生争相宣传王莽的美德。

朝中继王凤任大司马的王根也是王莽的叔父，王根病重，多次请示卸任，王莽遇到千载难逢的时机。

公元前 8 年，王莽出任大司马。

王莽因为大司徒孔光是著名的儒者，辅佐过三个皇帝，是皇太后所尊敬的人，全国人都相信他，于是极力尊敬地对待孔光，选用孔光的女婿甄邯担任奉车都尉加侍中衔。

当时依附顺从他的人被提拔，触犯怨恨他的人被消灭。对哀帝的外戚和他向来不喜欢的在职大臣，王莽都罗织他们的罪名，写成请示奏章，让甄邯拿去交给孔光。孔光一向小心谨慎，不敢不送上这些奏章，王莽再报告皇太后，总是批准这些奏章。

王舜和王邑成为他的心腹，甄丰和甄邯掌管纠察弹劾工作，平晏管理机要事务，刘歆主管典章制度，孙建成为他的得力助手。还有甄丰的儿子甄寻、南阳郡人陈崇都由于有才能而得到王莽的宠信。王莽脸色严厉，说话一本正经，想要有所行动，只需略微示意，同伙就会秉承他的意图明白地报告上去，而王莽自己却磕头哭鼻子，坚决推辞那些事，对上用这种手段迷惑皇太后，对下用这种手段向广大群众显示诚实。

一次，大臣们向太后报告说，王莽应该比照以前的大司马霍光和萧相国的成例受封。王莽假意推辞说：“我和孔光、王舜、甄丰、甄邯共同决策拥立新皇帝，现在希望仅条陈孔光等人的功劳和应得的赏赐，放下我王莽，不要和他们相提并论。”大臣们建议说：“王莽虽然克己让人，朝廷还是应当表彰，及时给予赏赐，表明重视首功，不要让百官和人民群众失望。”皇太后便下诏书把召陵、新息两县民户二万八千家封给王莽，免除他的后代的差役义务，规定子孙可以原封不动地继承他的爵位和封邑，褒赏他的功勋。仿照萧相国的成例，任命王莽担任太傅，主持四辅的工作，称号安汉公。把从前萧相国的官邸作为安汉公的官邸，明确规定在法令上，永远留传下去。

当时王莽装作诚惶诚恐的样子，不得已才上朝接受策命。王莽接受了太傅的官位和安汉公的称号，辞谢了增加封地和规定子孙可以原封不动地继承爵位、封邑这两项赏赐，说是希望等到老百姓家家都富足了，然后再给予这样的赏赐。各大臣又力争，王莽又推辞没有接受，而建议应当把诸侯王的后代和自从高祖以来的功臣子孙赐封为列侯。

王莽已经赢得了大家的好感，但他最想要的是专权独断，随着地位的巩固和权势的增长，王莽的权欲愈益滋长。他从政治斗争的得失中认识到，控制皇后是至关重要的，这可以更加巩固他的权位。他在元始二年（公元 2 年）提出为平帝议婚，打算乘机把自己的女儿配为帝后。为此，王莽展开了各种活动，终于达到了目的。

不久平帝去世。在议立新君时，元帝一系的子孙已经灭绝，宣帝一系有曾孙数十人，他们都已成人，不利于王莽篡位。王莽借口“兄弟不得相为君”，就在宣帝玄孙中挑了一个年仅两岁的刘子婴来即位，以便从中行奸。这时，王莽的党羽迎合王莽的意思，假造了一个刻有“告安汉公莽为皇帝”的符命石。王莽的党羽上奏王政君，王政君坚决反对：“这种诬告天下的事，不可施行。”然而，王政君经不住位居高官的王莽党羽的蛊惑，糊涂的王政君竟然下令允准王莽“如周公故事”。至此，王莽名义上虽是“摄皇帝”，而其他一切礼仪、制度都与皇帝无异了。

当了摄皇帝，他还想当真皇帝。王莽的党羽密谋弄假成真时，王莽“谦恭”的假面具被揭开，“巧伪人”的真面目暴露无遗。一些

过去对王莽认识不清的人和部分汉室子弟开始觉察了王莽的野心，他们举行了好几次试图推翻王莽的起事和政变，但都没有成功。王莽的党羽把这些比为周公居摄时的“管蔡之变”，说什么“不遭此变，不彰圣德”。但王莽心中明白，深恐夜长梦多，就在他“居摄”的第三年便匆匆忙忙公开篡位夺权了。当他派堂兄弟王舜去向王政君索要传国玉玺，准备位登大宝时，王政君才彻底地看清了王莽的真面目。她痛骂王莽和王舜，把传国玉玺狠狠地摔在地上。从此，王政君与王莽彻底决裂，退居深宫，仍穿汉家服饰，按汉廷旧制生活，以示坚守名节，不与王莽同流合污。

公元6年，王莽正式称帝，国号为“新”。至此，王莽彻底暴露了“大奸似忠”的真实面目。

所谓权力越大，欲望也就越大。当王莽的权力达到顶峰之时，他也就忘记了本该谨守的礼义道德，此时此刻，除了朝堂上那个金灿灿的龙椅，王莽眼中已经没有任何东西。当他的权利欲望膨胀到极点时，他便撕开了所有的遮羞布，一步一步向龙椅走去，也一步一步走向了死亡。

王莽的伏藏之术，尚值得我们借鉴。一个人，若想成就一番大事，曲己事人，谦逊顺从，低调行事，小心谨慎，不露锋芒，这都是必须具备的素质。但是，倘若是将这些良好品德建立在不可告人的目的之上，那么则绝不可取。

梁冀：立谁当皇帝，我说了算

梁冀出身世家大族，先祖时曾协助汉光武帝刘秀建立东汉，有一妹，是汉顺帝的皇后，其父梁商因此官拜大将军。

顺帝死，梁皇后无子，选了一个地位低微的美人虞氏的二岁娃娃即位，称冲帝。梁皇后升为皇太后，临朝听政，梁冀自然更加是独揽大权，可怜年仅二岁的冲帝，只做了五个月的皇帝就死了。

梁太后和她的哥哥大将军梁冀协商，要重演利用皇帝“幼弱”而专权的故伎，以权压人，力排众议，立渤海王才八岁的世子刘缵为帝，是为质帝。质帝年龄虽小，却早慧，对梁冀专政弄权，骄横跋扈看在眼里，记在心中，实在捺不住，有一次当着朝臣的面说：“此跋扈将军也！”质帝的“早慧”，本来就是梁冀的一块心病，当他听到质帝的辱骂，就立即萌起阴险的杀机。于是，梁冀密令爪牙置毒于煮饼中，小皇帝吃了后，胸腹部胀痛，情绪烦躁，他催人赶快召李固进宫。李固匆匆赶到，询问说：“陛下患了什么病？是什么原因？”小皇帝拼着最后一口气说：“吃了煮饼，肚子闷痛，能喝到水还可活命！”这时梁冀在旁边冷眼注视，阴狠地说：“恐怕会吐，

不能给喝水。”梁冀这么一说，左右还有谁敢听小皇帝的话去拿水，李固自然也是一筹莫展，只得眼睁睁地看着质帝中毒身亡。

东汉王朝，两年之内死了三个皇帝，这可是天大的事儿，所以司空赵戒对梁冀说：“天下不幸，屡遭大忧，一年之间，连失三帝，如今又当立继位人，这是万事中最大的事，国家兴衰，全在此一举，太后为此操心，梁将军因此劳虑。但是，要选择‘圣明’之主，必须广泛征求群臣意见。”这么一说，逼得梁冀不得不召集三公、中二千石、列侯等大臣来商议。最初，李固、胡广、赵戒以及大鸿胪杜乔都认为清河王刘蒜贤明有德，声望较高，又是皇室中地位最尊贵、血统最亲近的后裔，应该立他。但是李固等人所赞成的，恰是梁冀与太后所不中意的。梁冀和太后心目中的帝位继承人是即将成为他们妹夫的蠡吾侯刘志，可是在群臣一致赞成立刘蒜为帝的情况下，梁冀虽然内心愤愤不乐，但一时还难于排斥众议。正当梁冀苦于谋划之时，老谋深算的不倒翁中常侍曹腾深夜来访，他向梁冀进言说：“梁将军累世与皇室联姻，长期以来，掌握朝政，手下又有那么多宾客，难免不发生差错的。清河王刚正清明，倘若他做了皇帝，那将军就要大祸临头了。不如立刘志，富贵才可长保下去！”立刘志，实际上是立梁家王朝；立刘蒜，梁氏家族命运不可捉摸。梁家最渴望得到的与最害怕发生的都被曹腾说透了。所以，曹腾这一番话，促使他下决心立刘志为帝。第二天，重新朝议，梁冀摆出一副气势汹汹的架势，说起话来，言辞激烈，断然要立刘志。他有意以权势压人，明眼人一看就知，谁要不同意梁冀的意见，他梁冀就要杀人了！自胡广、赵戒以下的朝臣莫不被梁冀所吓倒，都低下头来唯唯诺诺地说："唯将军命令是从！"独有李固、杜乔坚持原议，据理力争，梁冀为了排除李固的阻挠，与他妹妹梁皇太后商议，并以皇太后的名义，先免去李固的太尉职务，剥夺了李固的朝议权，然后再立刘志为帝，称为桓帝。

因拥戴之功，桓帝即位后，对梁冀礼遇之优，超过了萧何；封地之广，超过了邓禹；赏赐之厚，超过了霍光。可以说梁冀所受到的皇帝恩遇，超过两汉以来所有元勋。而参与定策迎立桓帝的曹腾，被孝桓帝封为费亭侯。东汉王朝的宦官，就是从曹腾之时，开始干政；而外戚集团，也是从大将军梁冀专权时，开始形成，这两个集团决定了东汉王朝的命运。

梁冀非常醉心于权，朝廷的大权小权都抓到他手里。事无巨细，无不向他请示，由他决断。宫廷内外都布满了他的亲信，连皇帝起居的点滴小事，他都要过问。大小官吏的升迁，他更是重视，凡是升迁者都必先到他那里谢恩辞行，至于皇帝那儿去不去，都在其次。梁冀既然结党营私，"请托"之风自然公开肆行。有位叫吴树的，新任为宛县令，到梁冀那儿去辞行。宛县是南阳最繁庶的地方，有很多梁冀的宾客，梁冀要吴树对他的族党宾朋多给照顾。吴树回答说："对那些干坏事的小人，应该杀绝。大将军居高位，又是皇后的亲兄，理应尊崇贤良的人，以补益朝廷。宛县是大县，士人很多，但未听说有一个贤能的人得到任用，而所用的多是徇私的小人。因此，我不敢从命。"吴树说到做到，到任后即将梁冀宾客中罪恶累累者杀了几十个，梁冀恨透了他。后来，梁冀以升吴树为荆州刺史为借口，将他召至府中饯行，在酒中置毒，把吴树毒死在回家去的车上。

东汉王朝外戚专横，不是梁冀一人，然梁冀专横却比任何外戚专横有过之而无不及。据说，梁冀特别喜欢兔子，他在河南城西修建了一个兔园，“经亘数十余里”，有一个人，因为误杀了梁家兔园里的一只兔子，结果“坐死者十余人”。清代乾隆一朝的权臣和珅，够有权的了，但他也不敢因为一只兔子，要了十多个人的命，可梁冀就敢！

梁冀做了二十多年的大将军，穷奢极欲，为所欲为达到了极点；权重势盛，威风凛凛，不可一世。朝廷内外所有官吏无不畏惧，无不俯首听命，乃至连皇帝也不能过问任何政事。这二十多年是东汉外戚专权的鼎盛时期，也是梁冀及其家族的“黄金时代”。然而，盛极转衰，在这个“鼎盛”的背后潜伏着梁氏覆灭的危机。

有一次，梁冀居然没有经过皇帝的同意，把皇帝喜欢的一个亲信给杀了，桓帝十分恼火。可他也清楚，自己周围的很多人都是梁冀的耳目。梁冀的耳目，可能分布在自己所去的许多地方，但有一个地方，应该没有，这个地方就是厕所。后来，梁太后死了，桓帝利用这时机将宦官唐衡单独拉到厕所里问道：“朝廷里有谁与梁家不对付？”唐衡回答说：“单超、左悺、徐璜、具瑗都忿疾梁氏专横。”于是，桓帝急呼单超、左悺入密室，对他们说：“将军梁冀家族把持朝政，宫廷内外都为他们所控制，大臣都由他们指使，我想除掉他们，你们看怎么样？”单超等回答说：“梁氏是国家的奸贼，早就应该除掉。臣下智低力弱，不知圣上意思如何？”桓帝说：“我早就想好了，你们好好地密谋一下。”单超等回答说：“灭梁氏并不难，就怕陛下犹豫不决。”桓帝说：“没有什么可以犹豫的了！”为了怕五人之中有人泄密，桓帝与五个太监对天发誓，且歃血为盟。但桓帝自已怕痛，所以在单超臂膀上咬了一口，咬出了血，然后皇帝与五位太监拧成了一股绳，而梁冀这时一点也没有察觉。

公元158年，东汉延熹元年，桓帝与单超等人搞突然袭击，诛杀了梁冀，并查抄了梁冀的家，官家拍卖，合价三十余亿钱，供朝廷之用，可减天下税租之半。梁氏灭了，东汉王朝外戚专权的时代也就基本结束了。但是东汉的皇权并未因此而强盛起来。因为皇帝身边有两个轮子，一个是外戚，另一个就是宦官。桓帝依靠宦官除掉外戚，现在坐上了宦官的独轮车，他本人也就由外戚的傀儡变成了宦官的傀儡，时代又进入了一个宦官专权的鼎盛时期。

五侯十常侍：彻底乱了汉天下

梁冀被除掉以后，桓帝对参与大事的五个太监真正是心存感激，全部封一级侯爵，单超为新丰侯、徐璜为武原侯、具瑗为东武阳侯、左悺为上蔡侯、唐衡为汝阳侯，史称“五侯”。

不久，太监侯览拿出家底绸缎五千匹送给桓帝，刘志先封他为准侯爵关内侯，过了一阵子，又扯谎说侯览参与了清除梁冀的行动，

加封他为高乡侯，随后，又封太监刘普、赵忠等八人为乡侯。由此，东汉政府大权彻底落入了宦官手中，宦官乱政以后，骄横跋扈，狐假虎威，贪鄙惨毒，无法无天。他们也学习梁冀的样子，动用国库为自己兴建豪华的住宅。本来他们受过腐刑，已经丧失了生殖能力，却偏偏搜罗天下美女，给自己当姬妾。他们没有儿子，就收养义子，让他继承爵位。为了扩大势力，他们还利用手中权力，安插亲信到各地做官，单超弟单安为河东太守、侄子单匡为济阴太守，徐璜弟徐盛为河内太守，左悺弟左敏为陈留太守，具瑗兄具恭为沛相，都是为害当地的贪官。这些人无才无德，只知搜刮百姓，简直和盗贼一样。而其中尤以“五侯”为最，大家比赛似的看谁贪得多，看谁是最凶狠的角色。

单超的侄子单匡被任命为济阴太守，他贪污受贿，被人告发。兖州刺史派部下前去调查，查出赃款近六千万钱。刺史非常气愤，上书弹劾单匡。单匡得单超包庇，竟逍遥法外。后来，单超捏造罪名，撤掉了兖州刺史，把他充军到朔方。刺史知道朔方太守董援是单超的外孙，去朔方肯定没有自己的活路，只好在半路上找机会逃跑了。

徐璜的侄子徐宣，时任下邳县令，性格残忍凶暴，无恶不作。看上了已故汝南郡太守李暠花容月貌的女儿，要娶回来当小老婆，李家人拒绝了，徐宣就带着一帮打手直接冲到李家，硬把人家姑娘抢走了，抢走了还不算，一番调戏侮辱后，又把李暠女儿绑在树上，然后用弓箭乱射，以听女孩尖叫、求救声为乐，最后一箭穿心。一个前太守的女儿下场都如此，平民百姓家的女儿下场会怎样，可想而知！

东海相黄浮得知此事，怒发冲冠，点兵遣将将徐宣抓来问罪。他手下的官吏惧怕徐璜的势力，纷纷出来劝阻。黄浮性格耿直、嫉恶如仇，他对手下人说："今天我把徐宣这个奸贼杀了，就算明天就得死，也死的瞑目！"说完，把徐宣绑着游街，就在街头将其斩首。徐璜听说侄子被黄浮杀了，急忙跑到桓帝那里去哭诉。桓帝不问青红皂白，直接罢免了黄浮的官职，命人剃光了他的头发，罚他去做苦役。

单超死后，其他四侯专横更甚。当时人称之为"左回天（权势极大、具有回天之术），具独坐（上朝不与"三公"同坐、有独尊之势），徐卧虎（凶恶之如猛虎），唐两堕（两心相堕，居心莫测）"。

"五侯"权势日大，骄横日甚，进而对皇权构成威胁。汉桓帝趁具瑗之兄犯罪之机，痛加裁抑，下诏贬具瑗为都乡侯，唐衡等人也因此受到牵连，纷纷遭贬，五侯专权告一段落。

"五侯"失势后，侯览、苏康、管霸等又成为新的一轮炙手可热的宦官。他们与五侯一样把持朝政、盘剥百姓、任人唯亲。宦官们的亲属及其党羽占据了从中央到地方的各级官职，而大多数太学生及地方儒生的仕进之路由此被堵塞，朝政日趋黑暗，时人称："举秀才，不知书，察孝廉，父别居。寒素清白浊如泥，高第良将怯如鸡。"

侯览，凶残暴虐，贪得无厌。他母亲病故后，由首都洛阳运灵柩回老家山东单县安葬，建筑高大坟墓，超过了应有的标准。时任

督邮张俭，为人正直，刚正不阿，有颗不怕死的心，向朝廷检举侯览的罪行，侯览人在权力中枢，当然有办法将张俭的举报信拦截，于是举报信一直到不了桓帝面前。张俭忍无可忍，不管三七二十一，带着手下到了侯览家，将其家宅摧毁，并查抄其所有财产，再专门上报情况，侯览继续进行拦截，报告始终无法到达桓帝面前。

侯览的哥哥为盖州刺史，将辖区内富足人家以诬陷手段抓来杀掉，没收其财产装入个人腰包，前后侵占民产数以亿计。侯览自己霸占他人住宅多达381所，良田万亩，还新建府第16座，并仿皇宫模样，宾客仆从在地方为非作歹，侵扰百姓，劫掠旅客，地方官稍加干涉，即被罢官，是非完全颠倒。

苏康为掖庭令，掌宫人簿账及蚕桑女工等事，兼掌贵人采女事。桓帝一朝，最多时女众将近万人，而桓帝不断御幸、册封。这些被皇帝御幸的采女，大多经苏康推荐、选拔，将名录报呈桓帝。有些官宦人家之女被选入宫，为求皇帝一幸，向苏康贿赂钱物，其数巨大，令人侧目。苏康用这些钱财，在雒阳城内起第连云，胜过皇廷宫殿。苏康还娶贫良家女为假妻，置于府第之中，效仿天子置三夫人、贵人、美人，奢侈无度。

宦官的贪污无耻和强取豪夺，使老百姓受尽其苦，无法忍受，于是纷纷“起而为盗”，组织反抗。桓帝死后，因为没有儿子，窦皇后与其父窦武迎立12岁的渎亭侯刘宏继承大统，是为灵帝，窦太后临朝听政，以窦武为大将军执政。窦武与太傅陈蕃等谋划诛除宦官，先控制政府中枢和部分近卫军，又掌握首都及附近地方政府机构，准备将宦官逐步剪除。但宦官曹节、王甫等先发制人，劫持灵帝和窦太后，假传圣旨收捕窦武等。窦武拒不受诏，聚兵数千准备抵抗，但最后还是被困自杀。事后，窦太后被软禁于云台，灵帝完全为宦官所控。本来占尽优势的外戚居然被宦官的突然发难搞垮，可知宦官的势力在当时是多么之大。

曹节、王甫诛杀窦武、陈蕃等人后，自相封赏，加官晋爵，父兄子弟皆为公卿列校牧令守长，布满天下。王甫、曹节等死后，宦官赵忠、张让等十二人都任职中常侍，封侯贵宠，世人称之“十常侍”。灵帝甚至宣称：“张常侍是我父，赵常侍是我母。”宦官得到了空前的恩宠，他们愈发肆无忌惮，胡作非为，东汉的政治也愈加混乱。

曹操：名义上的王，实际上的皇

汉献帝从永汉元年当皇帝的第一天起，就是一个傀儡，先后为董卓、王允、李傕和郭汜等挟持。但献帝毕竟是名义上的共主，凉州军阀虽无政治头脑，还是知道挟持献帝，利用其名义。因此，兴平二年，李傕和郭汜内讧，杨奉、董承等护持献帝东逃时，李、郭又联合起来紧紧追夺。十二月，献帝在杨奉等拥持下到达陕县（今

属河南），在河东军阀韩暹等接应下连夜渡过黄河，驻跸大阳（山西平陆东北）。这时公卿大臣已大都死亡流散，跟随而来的仅数十人。献帝居住在无门的棘篱民屋中，公卿朝会，士兵们伏在篱笆上嬉笑打闹。将领们专横跋扈，随意鞭打或杀戮尚书，往往自带酒菜，找献帝嬉乐。皇帝尊严丧失殆尽。该年蝗虫大起，加上大旱，颗粒无收。迫于饥荒，这批人不得不渡河南下，赖屯驻野王（河南沁阳）的另一军阀张杨接济了一些粮食，才于建安元年回到了洛阳。此时的洛阳，已是一片焦土，宫室烧尽，荆棘满道，官员们只能在断垣残壁间搭起帐篷办公。饥饿如影随形，始终紧紧追迫着他们。尚书郎以下的官员都得自出采挖野菜草根充饥，有的饿死于颓垣断壁之侧。

为打击董卓余党，摆脱他们的威胁，汉献帝饮鸩止渴，采取了以虎击狼的权宜之计，招来了兵强马壮的曹操。公元 196 年六月，曹操迎献帝北上，迁都许昌。威胁如愿解除，但曹操却在朝廷中站住了脚。曹操需要的是“天子”这块招牌，是“挟天子以令诸侯”，而并不需要他这个有头脑、有能力的刘协，因此刘协的境遇每况愈下。从此，汉献帝成为曹操“奉天子以令不臣”的一张王牌，但他一开始并不甘心受制于人做傀儡。

公元 199 年，车骑将军董承受献帝密诏，与刘备一起密谋诛曹操。不幸密谋败露，董承等均被处斩，灭三族。刘备先前借故出走，得免于难。这是献帝跟曹操一次近乎公开的抗争，事后曹操加强了对献帝的控制，京官大多调为曹操的官员，左右侍卫全是曹操的人。曹操深知献帝的价值，对献帝本人始终不敢加害，但献帝的日子过得越发难堪了。

曹操诛董承后，提出将董承之女董贵人一起杀掉。献帝以贵人有孕在身，多次请求免其一死，曹操不答应。伏皇后对此既恐惧又不满，密书向其父伏完诉说曹操残逼献帝杀董贵人之事，后被发觉，伏皇后也被幽死。当伏皇后被曹操派去的尚书令华歆从宫中搜出牵走时，曾哭着求献帝救救她，献帝说："我也不知道命丧何时呢！"

献帝尽管知道自己的生命操在曹操手里，但仍然敢于对曹操表示不满。议郎赵彦常为献帝陈说时事，曹操恶而杀之。其后曹操入殿见献帝，献帝说："你若要辅助我，就要宽厚一些；否则，你就开恩把我抛开自己做皇帝吧。"一席话说得曹操顿时失色，急忙应付着请求告辞。

对于"挟天子以令诸侯"，历来都认为是曹操的得意之作，但如果认真分析三国时期的形势，似乎也不那么确然。曹操在"挟天子以令诸侯"的二十四年间，无论是张绣、吕布、袁术、袁绍、刘表、公孙瓒、高干，还是刘备、孙策、孙权，没有一个诸侯肯听从曹操的号令。由此可见，曹操空有挟天子之名，而无号令天下之实。

可见当时曹操"挟天子以令诸侯"的行为遭到了诸侯的强烈抵制。曹操不但没有从中得到好处，还背上了"托名汉相、实为汉贼"的骂名。而且，不仅当时的人都这么骂他，后世近两千年间，曹操也一直是以"奸贼"或者说是"奸雄"的面目出现在历史上的。

曹操想拿汉献帝号令天下，怎奈诸侯不听；想将汉献帝抛弃，又担心自己"匡扶汉室"的招牌毁于一旦，从而招来万世骂名；想取而代之，又怕引起更强烈的反对，成为天下公敌……所以，汉献

帝实际上成了曹操手中食之无味弃之可惜的一根鸡肋。

不过，说到底，曹操还是个有雄才的人。在他有了显赫地位之后，便凭借手中的权力，公开树起了不拘微贱，不看身世，只要有才便吸收录用的原则。由于曹操求贤若渴，“唯才是举”，从而吸引了大批有志之士从四面八方投奔曹操，造成了曹魏政权鼎盛时雄兵百万，战将千员的局面。正因他有雄厚的人才阵营，才能在十九年的时间内，将长江以北的混乱局面扭转过来，实现了中国大半个版图的统一。

公元213年，曹操起兵号称四十万，亲自南征孙权。次年正月，曹军进至濡须口（今安徽巢县东南），攻破孙权设在江北的营寨，生擒其将公孙阳。孙权亲自率军七万，前至濡须口抵御曹军。二军相持月余，各无所获。曹操见孙权军容严整，自己难以取胜，遂撤军北还。 同年五月，复《禹贡》九州。汉献帝册封曹操为魏公，加九锡、建魏国，定国都于邺城。魏国拥有冀州十郡之地，置丞相、太尉、大将军等百官。献帝还准许其“参拜不名、剑履上殿”，如汉丞相萧何待遇。公元216年，汉献帝册封曹操为魏王，邑三万户，位在诸侯王上，奏事不称臣，受诏不拜，以天子旒冕、车服、旌旗、礼乐郊祀天地，出入得称警跸，宗庙、祖、腊皆如汉制，国都邺城。王子皆为列侯。他名义上还为汉臣，实际上已是皇帝。曹操以五官中郎将曹丕为魏太子。

曹操在孙权擒杀关羽、取得荆州后，表奏孙权为骠骑将军、荆州牧。孙权遣使入贡，向曹操称臣，并劝曹操取代汉朝自称大魏皇帝。曹操将孙权来书遍示内外群臣，说：“这小子想把我架在火上烤啊！”曹操手下群臣乘机向曹操劝进，曹操自己还不想废献帝自立，他说：“如果天意选中了我，那我就当个周文王吧。”

公元220年，曹操病逝在洛阳，终年66岁，谥曰武王。这年十月，魏王曹丕取代汉朝，自立为皇帝，国号魏，追尊曹操为武皇帝，庙号太祖。